いちばんわかりやすい

はじめてのお菓子

本間節子

はじめに

はじめまして、こんにちは。
この本では「お菓子を自分で作ってみたい！」と
手に取ってくださった方の、環境や思いを想像しながらメニューや手順を考え、
ベーシックなお菓子を中心に、さまざまなお菓子とお菓子の作り方を
たくさんの写真と一緒にご紹介しています。
どのお菓子に惹かれて手に取ってくださるのか、最初に作ってみたいのはどのお菓子だろう、
そんなことを思いながら、お菓子の制作と撮影をすすめました。

自分でお菓子を作ることのよさは、
できたてを食べられること、材料を選べること、
保存を意識した材料を入れないから、素直な味わいのお菓子を作れること、
数人分の量ができるので、誰かへプレゼントできること。

粉を使ったクッキーやケーキなどの焼き菓子は、焼いている途中からいい香りが
キッチンに漂い、焼き上がりを待つ間も楽しい気持になります。
焼き上がったばかりのお菓子は、中はふんわりと軽やか、周りはサクッとして、
もうひと切れと手を伸ばしたくなるほどおいしいから、
うっかり食べ過ぎてしまうこともしばしばです。
また冷たいお菓子も、かたまったばかりの、口溶けがよいものが存分に楽しめます。
旬の果物をたっぷり使ったら見た目も華やか、贅沢な味わいに！
もちろんお菓子は、翌日以降の味がなじんだ頃も、おいしく食べられます。

材料は、手に入りやすいもので気軽に作るのもよし、
そのうちお菓子作りに慣れてきたら、こだわって選んだものを使っても、
お菓子にいっそう愛着が持て、より大切に楽しみたくなります。
一般家庭では保存料などの添加物は入手が困難ですし、入れない方が自然ですから
手作りのお菓子は当たり前ですが無添加で安心して食べられます。
おいしくできたら、ひと切れ、ふた切れをさっと包んで気軽におすそ分けしたり、
ラッピングすれば手土産やプレゼントにもなって、おいしさや楽しさがシェアできます。

何よりもお菓子を作ることは、それ自体がとても楽しい時間だから、
この本を見てぜひ体験してもらいたいと思います。

お菓子が作りたくなったら、手に取ってページを開いてみてください。
そして何度も作りたくなるようなお気に入りのレシピがこの本から見つかったら、
作り手のひとりとしてとてもうれしく思います。
毎日のおやつに、家族や大切な人の記念日に、お菓子を囲みたいイベントのために。
手作りお菓子のある暮らしを楽しむために、
この本がお役に立てますように心より願っています。

本間節子

目次

これだけは知っておきたい

はじめに 3

基本の材料 6

基本の道具 8

この本で使う型 10

オーブンシートの敷き方 11

下準備の基本 12

泡立ての基本 13

お菓子作り Q&A 14

人気のケーキ

01 いちごのショートケーキ 16

02 ロールケーキ 20

03 モカロール 24

04 ベイクドチーズケーキ 28

05 スフレチーズケーキ 32

06 レアチーズケーキ 36

07 メープル風味のシフォンケーキ 40

08 ヴィクトリアサンドイッチケーキ 44

09 レモンケーキ 48

10 キャロットケーキ 52

11 型なしアップルパイ 56

12 薄焼きアップルパイ 60

13 レモンタルト 64

14 シュークリーム 68

15 パヴロヴァ 72

16 モンブラン 76

17 ミルクレープ 80

シンプルな焼き菓子

18 ドロップクッキー 2 種 84
- オートミールクッキー
- ごまとクルミのクッキー

19 スノーボール 88

20 アイスボックスクッキー 3 種 92
- 抹茶クッキー
- ナッツココアクッキー
- 渦巻きクッキー

21 型抜きクッキーサンド 96

22 絞り出しクッキー 100

23 マドレーヌ 104

24 フィナンシェ 108

25 ダックワーズ 112

26 ファーブルトン 116

27 コブラー 120

28 バナナケーキ 124

29 スコーン 128

30 チョコチップマフィン 132

31 スイートポテト 136

32 ざっくりドーナツ 140

33 昔ドーナツ 144

チョコレートのお菓子

34 ガトー・ショコラ 148

35 フォンダン・ショコラ 152

36 トリュフチョコレート2種 156
- ◉ 紅茶風味のココアトリュフ
- ◉ オレンジ風味のココナッツトリュフ

37 オランジェット2種 160
- ◉ 甘夏のオランジェット
- ◉ レモンのオランジェット

38 パヴェ・ド・ショコラ2種 164
- ◉ レモンミルク
- ◉ ラム酒入りセミスイート

39 チョコエクレア 168

ひんやりデザート

40 カスタードプリン 172

41 かぼちゃプリン 176

42 コーヒーゼリー 180

43 フルーツゼリー2種 184
- ◉ グレープフルーツゼリー
- ◉ すいかゼリー

44 バニラのババロア 188

45 いちごのムース 192

46 ティラミス 196

47 アイスクリーム2種 200
- ◉ バニラアイスクリーム
- ◉ キャラメルアイスクリーム

48 フルーツシャーベット2種 204
- ◉ レモンシャーベット
- ◉ オレンジシャーベット

本書について

✱計量単位は1カップ＝200ml、大さじ1＝15ml、小さじ1＝5mlです。

✱オーブンはガスオーブンを使っています。温度と焼き時間は目安です。熱源や機種によって多少差があるので、様子を見ながら加減してください。

✱電子レンジの加熱時間は目安です。機種によって多少差があるので、様子を見ながら加減してください。

✱卵はLサイズ（正味60g）を使用しています。

✱グラニュー糖は、てんさいグラニュー糖を使用していますが、普通のグラニュー糖でも構いません。

✱打ち粉は基本的には強力粉を使いますが、なければ、そのお菓子に使う粉（薄力粉など）でも構いません。打ち粉は、手やめん棒、台などに生地がくっつかないようにするためのものなので、スムーズに生地をこねたりのばしたりできる程度の少量をふるようにします。ふりすぎると生地自体に吸収されて仕上がりが粉っぽくなるので注意。

これだけは知っておきたい

基本の材料

お菓子作りの基本材料となるのは、粉、卵、砂糖などの甘味、
油やバターなどの油脂類、生クリームなどの乳製品など。
賞味期限をチェックし、自分がおいしいと思えるものを揃えましょう。

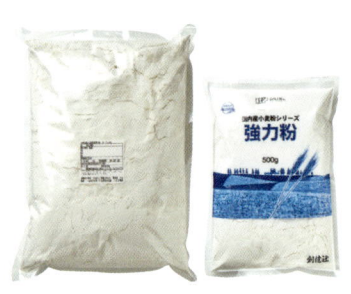

薄力粉、強力粉

薄力粉はケーキの生地やクッキーなどほとんどの生地に使う。軽くふっくらと仕上がったり、サクッと仕上がるのが特徴。強力粉はパイ生地や水分の多いケーキなどに使う。焼き菓子に強力粉を使うと、きめが細かくどっしりとした仕上がりになる。どちらも、できれば国産のものを。

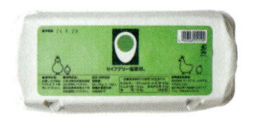

卵

できるだけ新鮮で上質のものを使う。この本ではLサイズ（正味60g）を使用。

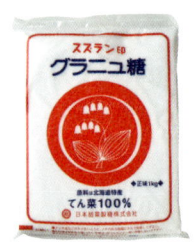

グラニュー糖

グラニュー糖は甘みがさっぱりしていて透明感が出るのが特徴で、洋菓子全般に使う。この本では、てんさい（ビート）が原料のてんさいグラニュー糖を使用。

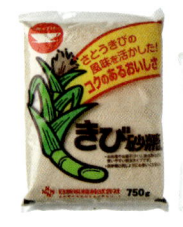

きび砂糖、粉糖

きび砂糖はキャラメルのような独特の風味があるのが特徴。生地に風味とうまみをつけたいとき、シンプルな焼き菓子に風味を加えたいときなどに使う。粉糖は生地にすっと溶け込むので、きめ細かく仕上がる。ケーキの仕上げ、飾りなどに使う。

メープルシロップ、はちみつ

メープルシロップは後味がすっきりとしているのが特徴。パンケーキやホットケーキにかけたり、焼き菓子の風味づけに使う。はちみつはメープルシロップよりも甘みが強く香りも独特。はちみつ自体の風味を楽しみたいときに使う。この本ではクセのないアカシアはちみつを使用。

生クリーム

一般に売られている動物性の生クリームは、大別すると乳脂肪分35〜36％のものと、乳脂肪分45〜47％のもの。乳脂肪分が高い方が濃厚でコクがある。植物性生クリームは避ける。

バター

お菓子作りに使うのは、基本的に食塩不使用のもの。有塩バターを使うと塩分が多くなってしまう。

米油

バターの代わりに植物性油を使ったケーキもポピュラーになりつつあるが、おすすめは米油。酸化しにくく、あっさりと仕上がるのが特徴。米油でドーナツを揚げるとカリッとして軽い食感に仕上がる。

牛乳、豆乳

牛乳は、できるだけ新鮮な普通牛乳か低温殺菌牛乳を使い、加工乳は避ける。ドーナツなどに、牛乳の代わりに豆乳を使うことも。豆乳は成分無調整のものを選ぶ。

ヨーグルト

無糖のプレーンヨーグルトを使う。なめらかで脂肪分のあまり高くないものを選ぶ。

チーズ類

チーズケーキに必須なクリームチーズは、クセがなくてさっぱりと仕上がる国産のものを。ティラミスに使うマスカルポーネチーズは、自分が食べておいしいと思えるものを。イタリアのものはクリーミーでコクが強いのが特徴。

アーモンドパウダー

アーモンドを粉末にしたもので、ケーキやクッキーの生地、アーモンドメレンゲなどに使う。アーモンドプードルの名で売られていることも。

ベーキングパウダー

膨張剤。バターケーキ生地など、ちょっと重い生地をふっくらと焼き上げるときに使う。できればアルミニウムフリーのものを選ぶ。

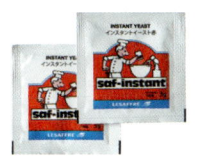

ドライイースト

顆粒のインスタントドライイーストが手軽に使えて便利。ドーナツ生地に加えると膨らみがよくなってもっちりとしたのびのある生地になる。

粉ゼラチン

ゼリーやババロアなど、冷蔵庫で冷やしかためて作るお菓子に欠かせないのがゼラチン。粉ゼラチンと板ゼラチンがあり、どちらを使ってもいいが、この本ではより手軽に使える粉ゼラチンを使用。

バニラビーンズ

バニラビーンズはバニラのさや状の果実を発酵させた乾燥品。さやの中の小さな黒い種を出して、さやと種の両方を使う。カスタードクリームやプリン、ベイクドチーズケーキの生地などに入れて香りをつけると、ぐっとおいしく仕上がる。

塩

溶けやすい粉末のものを。クレープ生地、パイ生地、タルト生地などに塩をほんの少し加えることで、味が引き締まって甘みが引き立つ。

製菓用チョコレート

刻む手間が省けるタブレットタイプで、ツヤよく仕上がる製菓用を選ぶ。カカオ分やミルク成分の割合によってブラック(ダーク)、セミスイート、ミルクなどがある。

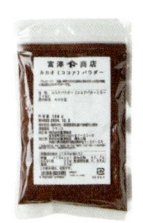

製菓用ココアパウダー

糖分やミルクの入っていない、製菓用ココアパウダーを選ぶ。ココアパウダーを使うことで、チョコレートにはない苦味がプラスされる。

リキュールなど、酒類

スポンジの焼き上がりにぬったり、シロップやクリームの香りづけに使ったりと、プラスαのおいしさを醸し出してくれるのが酒類。この本ではオレンジ系のリキュール(コアントロー、グランマルニエ、ルゴル オランジュなど)、ラム酒、キルシュ酒などを使用。

基本の道具

せっかく作るなら使いやすい道具を揃えたいもの。
はかる、混ぜる、切る、泡立てる、のばす、ぬる……など、
お菓子を作るときにおすすめの道具を紹介します。

泡立て器

粉類やバターをすり混ぜたり、生地を混ぜ合わせるときに使う。泡立て部分の膨らみが大きく持ちやすいものを。

はかり

お菓子作りはまずは計量が大切。より正確に計量できるよう、0.1g単位で表示できるものがよい。

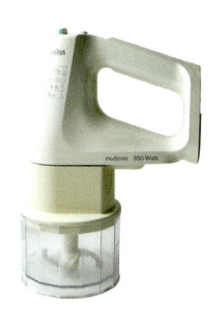

フードプロセッサー

パイ生地やタルト生地、クッキー生地などを混ぜるときに便利。フードプロセッサーを使えば時短になり、気軽にお菓子作りが楽しめる。

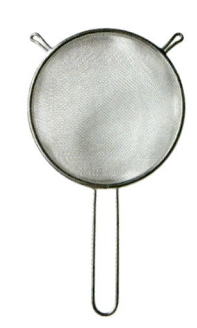

万能漉し器

粉類をふるうとき、プリン生地やババロア生地を漉すとき、フルーツを漉すときなど、何かとよく使うのがこれ。ボウルや鍋の縁にかけられる突起があるものが便利。

計量カップ、計量スプーン

計量カップは、200〜250mlまではかれるものがあればよい。素材、形などは好みのものでOK。計量スプーンは、大さじ1、小さじ1、あれば小さじ½がはかれるものを。すりきりではかる。

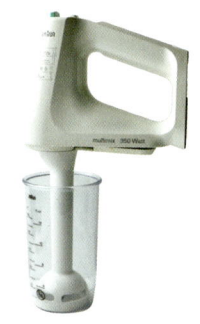

ハンドブレンダー

ムースを作るときにいちごをピュレ状にしたり、シャーベットを作るときにレモンやオレンジをピュレ状にするときに使う、手軽なサイズのものがいい。なければミキサーでも。

目の細かい漉し器、茶漉し

目の細かい平らな漉し器は、モンブランの栗を漉すときに使う。キメを細かくしたいので、丈夫で目の細かいものを選ぶ。茶漉しは、お菓子の仕上がりに粉糖やココアパウダーをふるのに使う。

ボウル

大中小の3サイズがあると便利。熱が伝わりやすく丈夫なステンレス製を。湯せんのために湯を入れたり、急冷するために氷水を入れるボウルは、安定のいい耐熱ガラス製でも。

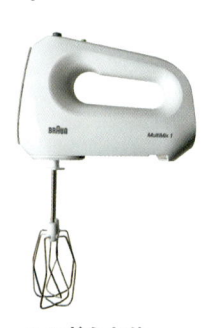

ハンドミキサー

生クリームの泡立てなどは泡立て器でもいいが、メレンゲやバターなどはハンドミキサーを使った方が断然早くて便利。

カード

丸みのある方で生地を切るように混ぜ、まっすぐな方で生地の表面をならす。

木ベラ、ゴムベラ

木ベラは、丸いボウルの中で使うことが多いので、柄が長くしっかりして、先は丸みを帯びているものを。ゴムベラは、生地を混ぜたりかき集めたりと、曲線で使うことが多いので、ゴムに弾力があって耐熱性のあるものを。

刷毛

シロップや卵黄をぬったり、余分な粉をはたくときに使う。乾いた状態で使う。

軍手

焼き上がったお菓子を天板ごとオーブンから出すときに使う。鍋つかみより、指が1本ずつ入る軍手の方が作業しやすい。

めん棒

生地をのばすときに必須。長さ40〜50cmで端から端まで同じ太さのもので、ある程度重さがあるものが使いやすい。

重石

型にタルト生地などを敷いて、中身を入れずにから焼きするときに使う。重石を入れて焼くと、生地が浮き上がらずにきれいに焼ける。

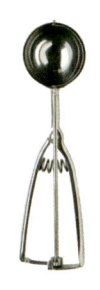

アイスクリームディッシャー

アイスクリームやシャーベットを器に盛りつけるときに使う。なければ大きめのスプーンを使えばいいが、ディッシャーを使うと盛りつけしやすい。

定規

生地の長さをはかったり、同じ大きさに切り揃えるときに使う。洗ってすぐに拭けるステンレス製のものがおすすめ。長さ30cmくらいのものを。

オーブンシート

型紙を作ったり、天板に敷いてオーブンに入れたり。オーブンシートを使うことで型や天板に生地がくっつくことなく、きれいに焼ける。

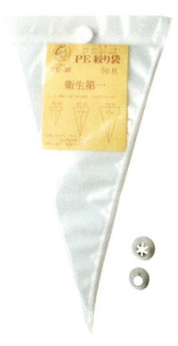

絞り袋と口金

絞り袋は口金をつけて、生クリームを絞ったり、絞り出しクッキーを作るときに使う。この本で使ったのは、使い捨てのポリエチレン製。口金はさまざまなものがあるが、必要最低限、直径8〜10mmの丸形、6切8〜10mmの星形があればよい。

パレットナイフ、パンナイフ

パレットナイフは、クレープやスポンジにクリームをぬったり、表面をならしたいときに使う。長さ25cmくらいのものが使いやすい。パン切りナイフはケーキを切り分けるときに使う。

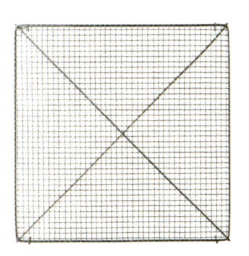

ケーキクーラー

焼き上がったお菓子を冷ますときに使う。脚つきなので底面も蒸れずに冷ますことができる。小さいお菓子にも使えるよう、網の目が比較的細かいものを。

この本で使う型

型は種類もサイズも材質も豊富。まずは作りたいお菓子に
必要なものを買い求めましょう。ここでは、この本で使った型を紹介。
近年は、少人数で食べきれるような比較的小さめのものが主流です。

丸型（底取れタイプ）

ショートケーキなど丸い形のケーキを作るときの型。焼き上がった生地が取り出しやすい、底取れタイプがおすすめ。直径15cmのものを使用。

角型

スクエア型ともいわれる、正方形のケーキを作るときの型。14×14cmのものを使用。

タルト型

立ち上がりが低く、上面が広がっていて側面が波形になっているものが一般的。直径16cmのものを使用。

パウンド型

バターケーキやパウンドケーキなど、パウンド形に仕上げたいときに使う。18×8×高さ8cmのものを使用。

クグロフ型

クグロフやバターケーキ、大きなババロアなど、クグロフ形に仕上げたいときに使う。直径16.5cmのものを使用。

シフォン型

シフォンケーキを作るときの型。直径17cmのものを使用。

マドレーヌ型

シェル形が一般的で、少し細長いタイプ、丸いタイプがある。好みのものでOK。この本では4.5×4.5cmのものが12個焼けるタイプを使用。

フィナンシェ型

フィナンシェを作るときの長方形の型。6.6×3.5cmのものが8個焼けるタイプのものを使用。

プリン型

プリンカップともいい、プリンを作るときのスタンダードな型。マフィン、フォンダン・ショコラを作るときにも使う。この本では、直径7.5×高さ4cmのもの、直径6×高さ5.8cmのものを使用。

ゼリー型

ゼリー、ムース、ババロアなどに。いろいろな形のものがあり、好みのものでOK。この本では、70ml容量（富士型）、90ml容量（花型）のものを使用。

クッキー型

型抜きクッキーを作るときの抜き型。花型、菊型、梅型、ハート型など数種類あると楽しい。この本では直径約4.5cmの花型を使用。

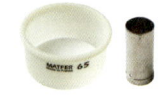

抜き型（丸）

この本ではドーナツを作る際、直径6.5cmの抜き型と直径2cmの抜き型を組み合わせて使用。専用のドーナツ抜き型を使っても。

流し缶、耐熱容器、保存容器

 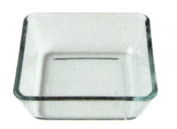 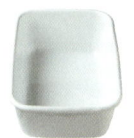

流し缶はパヴェ・ド・ショコラ（生チョコ）に使用。耐熱容器はティラミスやコブラーに、保存容器はアイスクリームやシャーベット作りに。

オーブンシートの敷き方

型を使うときは、型の底面と側面に型紙を敷いて使うのが基本。
型紙は、型のサイズに合わせてオーブンシートを切って作ります。
丸型、角型、ロールケーキなど天板を型にする場合を紹介。

○ 丸型に敷く

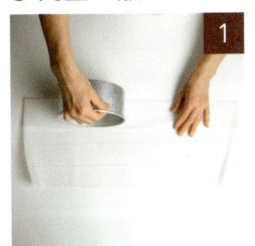
側面用に、オーブンシートを円周より4〜5cm長めに切り、型の高さよりも1〜2cm高くなるように折る。

折り目に沿ってハサミで切る。

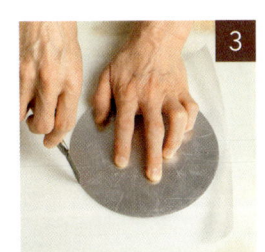
底面用に、オーブンシートに型の底をおき、型に沿ってカッターでぐるりと切る。

型に底面用のオーブンシートを敷き、側面用のオーブンシートを入れる。

側面のオーブンシートが重なる部分に、これから焼く生地の少量を指先に取ってのり代わりにくっつける。

でき上がり。お菓子によっては、オーブンシートを敷かないもの、敷かない代わりにバターをぬるものもある。

○ 角型に敷く

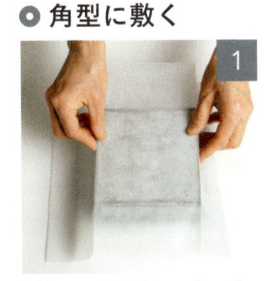
型をひっくり返し、オーブンシートを長めに切ってのせ、型に合わせて折り目をつける。

型を元に戻し、型の高さより1cmほど高くなるようにハサミで切る。

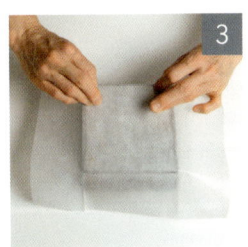
再び型をひっくり返し、折り目がついていない2辺にも折り目をつける。

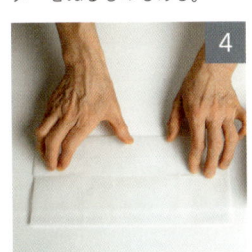
型をどかし、4辺の折り目をしっかりと折る。

ハサミで、底面のところまで4ヶ所切り込みを入れる。

側面になる部分を立ち上げ、切った部分を外側にして折り重ね、型に敷き込む。パウンド型も同様。

○ 天板に敷く

オーブンシートを天板の2倍の長さに切り、裏面（加工のない面）を上にして半分に折りたたんで2重にし、四隅に斜めに切り込みを入れる。

天板の四隅に、これから焼く生地の少量を指先に取ってのり代わりにくっつける。

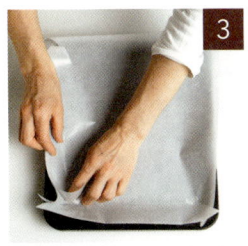
切った部分を立ち上げて重ねる。

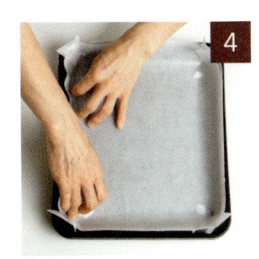
底面、立ち上げた部分ともに、天板にしっかりときれいに敷き詰める。

これだけは
知って
おきたい

下準備の基本

お菓子を作るときに大切なのは、なんといっても段取り。
スムーズに効率よく、失敗なく仕上げるために
あらかじめやっておきたいのが「下準備」です。　　＊型にオーブンシートを敷く手順は p.11参照。

● 型の準備をする

型にオーブンシートを敷いたり、バターをぬったり、お菓子によってはバターをぬってオーブンシートを敷いたりしておく。

● 材料ははかる

お菓子は正確な計量が成功への鍵。作り始める前にすべての材料をはかり、用意しておく。

● 道具を揃える

作っている最中に探しものをしないですむよう、あらかじめ使う道具を出しておく。これなら気持ちもあせらない。

● ボウルを拭く

油分や水分が残っていると、これを粉類が吸ったり、生クリームやメレンゲがきれいに泡立たないので、乾いた布巾で拭いておく。

● オーブンは予熱する

オーブンの庫内は温まるまで多少時間がかかるので、焼く直前に温度設定するのではなく、あらかじめその温度に庫内を温めておく。

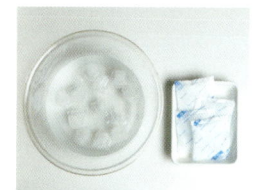

● 氷水や保冷剤を用意

生クリームの泡立てなどによく使うのが、氷水や保冷剤。ボウルの底を氷水で冷やしながら行うと、生クリームがだれることがない。氷がないときは水に保冷剤を入れる。

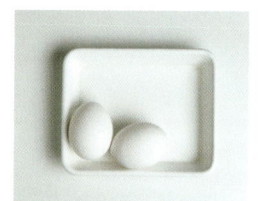

● 卵は室温にする

卵は冷蔵庫から出してすぐの冷たい状態だと泡立ちにくいので、使う1時間ほど前に冷蔵庫から出しておく。

● クリームチーズは 室温にする

クリームチーズは、ゴムベラで練ってなめらかにして使うことが多いので、練りやすいように使う10〜15分前に冷蔵庫から出しておく。

● ゼラチンはふやかす

粉ゼラチンは溶かしてから使うもの。作業の途中で手が止まらないよう、事前に水にふり入れてふやかしておく。

● バターの下準備

生地作りに使うバターは、すぐに混ぜられるように室温に戻しておく。指の跡がつくくらいにやわらかくしておくこと。また、生地の材料をフードプロセッサーで混ぜる場合は、1cm角程度に切って使うまで冷蔵庫に入れておく。

● 溶かしバターにする

バターを溶かして使う場合は、バターを適当な大きさに切ってボウルに入れ、湯せんで溶かし、冷めないようにそのまま保温する。

● バニラビーンズの下準備

バニラビーンズは縦に切り込みを入れ、中に入っている黒い細かい種を指でしごき出す。主に砂糖と一緒に使うので、使う砂糖（グラニュー糖やきび砂糖）に加えて手でなじませておく。

これだけは
知って
おきたい

泡立ての基本

ここで紹介するのは、卵白の泡立て（メレンゲ）と
生クリームの泡立て。生クリームは氷水に当てながら
十分に冷やして泡立てると、きめ細かいクリームになります。

● 卵白の泡立て（メレンゲ）

1 ボウルに卵白を入れてほぐし、グラニュー糖を加えて、ハンドミキサーの中速で大きく回しながら全体に泡立てる。

2 円を描くようにして、角が立つまでしっかりと泡立て、ツヤが出たら、低速にしてキメを整える。

3 指でさわってみて、グラニュー糖のジャリッとした感じがなくなればOK。ここで砂糖がよく溶けていないとあとで溶けてしまい、サクッとしたメレンゲにならない。

● 生クリームの泡立て

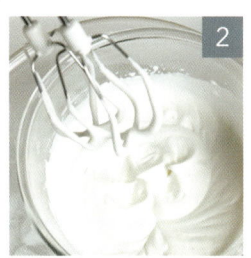

1 ボウルに生クリームとグラニュー糖を入れ、ボウルの底を氷水に当てながらハンドミキサーの中速で泡立てる。

2 とろりとして、すくったときに、生クリームが下に落ちて、跡が少しして消えるくらいが6分立て。

3 さらに泡立て、全体がもったりとして、すくったときに生クリームが羽根に残り、すくった跡がしっかりと残り、角がおじぎをするくらいが8分立て。

4 さらに泡立て、すくったときに生クリームが羽根にしっかりと残り、つんと角が立つくらいが9分立て。泡立てすぎると分離するので注意。

絞り袋に入れて絞る

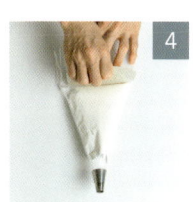

1 絞り袋の先端部分をハサミで切り落とす。

2 口金を絞り袋の中に入れ、隙間ができないように軽く引っ張ってぴっちりとはめる。

3 計量カップなど縦長の容器に入れて袋の上部を折り返す。これで下準備が完了。

4 3に泡立てたクリーム（またはメレンゲ）を入れ、容器からはずし、口金のところまでカードで寄せるようにして詰める。

5 袋をぎゅっと閉じて片手で閉じた部分を持ち、片手で口金を支え、絞り出す。ここではモンブランを例にとり、土台の上に渦巻き状に絞り出す。

お菓子作り Q&A

「生クリームを泡立てていたらボソボソになってしまいました」
「クッキー生地は混ぜすぎても大丈夫ですか」など、
教室の生徒さんからもよく聞かれる質問にお答えします。

✿ スポンジケーキに関して

Q. ショートケーキの
スポンジ生地を作る際、
全卵を泡立てるときに
泡立てすぎる心配はある？

A. 　家庭のハンドミキサーを使う場合、泡立てすぎるということはまずありません。高速でめいっぱい泡立て、その後、低速でしっかりとキメを整えることでふんわりとしたスポンジが焼けます。

Q. 型にオーブンシートを敷いたり
バターをぬらないのは
なぜですか。

A. 　型に生地をくっつけたまま冷ますことで、生地の焼き縮みを防ぎ、ふんわり感が保てるからです。

✿ 生クリームに関して

Q. 市販の生クリームの
乳脂肪分に幅がありますが、
どれを使ってもいいですか。

A. 　ババロアやアイスクリームなどの冷たいお菓子に使う場合は、乳脂肪分35〜36%のものを使うと軽やかに仕上がります。また、チョコレートを作る場合もこちらの方が分離しにくく上手に乳化します。
　ショートケーキやロールケーキなどに泡立ててぬったり絞ったりする場合は、乳脂肪分45〜47%のものを使った方が形を保ってくずれにくく、また、コクのある味に仕上がります。
　この本では、それぞれのお菓子の材料表におすすめのものを記載していますが、好みで使い分けてOKです。

Q. 生クリームを泡立てすぎて
ボソボソになってしまいました。
元に戻せますか。
また、ほかの使い道はありますか。

A. 　ボソボソ具合にもよりますが、少し牛乳を加えてそっと混ぜるとなめらかになる場合もあります。ほかの使い道としては、さらに泡立ててバターを作ることができます。砂糖が入っている場合はパンにぬるといいですね。
　ボソボソになってしまうのは、脂肪分と水分が分離してしまったのが原因。6分立てを過ぎると、少しかき混ぜただけでもどんどんクリームがかたくなるので、様子を見ながら泡立てるようにしてください。ボウルの底をよく冷やし、生クリームが温まらないようにして泡立てるのがポイントです。

🌸 チョコレートに関して

Q. チョコレートの保存は？
室温でいいですか。
冷蔵庫に入れておいた方が
いいですか。

A. 涼しい部屋で、日光と高温を遮断できる場所で保存するのがベストです。ただし、暑い夏は冷蔵庫に入れるのが望ましいです。一度溶けたチョコレートは口当たりが悪く、かたまりにくくなります。

Q. ミルクチョコレートで
ガトー・ショコラが作れますか。
指定のチョコレートを
別のチョコレートで
代用できますか。

A. カカオ分が変わってくると溶け方や空気の含み方が変わります。ですので、基本的には材料表通りのチョコレートを買う方が失敗を防げます。

🌸 焼き菓子に関して

Q. 焼き菓子を作るとき、
油とバターの両方を入れる場合が
あるのはなぜですか。

A. 油を入れると冷やしてもかたくならず、ふんわり感を保つことができ、バターを入れると風味がアップします。両方入れるとバターの風味を感じつつ、軽やかな食感になります。

Q. クッキー生地を混ぜすぎたり
こねすぎたりすると、
焼き上がりがかたくなりますか。

A. バターが入っていて水分が少ない生地は、かたくなりにくいです。しっかりこねると生地のキメが整って形がきれいに作れます。さっと混ぜるとサクサク感は強くなりますが、形が少しくずれやすくなります。

🌸 材料の保存や取り扱いについて

Q. 卵の保存は？
また、卵白を泡立てるときは
凍らせた方がいいですか。

A. 卵は冷蔵庫で保存しておき、使う1時間ほど前に冷蔵庫から出し、室温に戻しておくのがおすすめです。卵白だけ余った場合は、冷蔵庫で保存して1週間ほどで使いきるようにしてください。
　卵白を泡立てるときは、卵白を冷たくしておくとキメが細かくなるという長所がありますが、だからといって、冷凍しておく必要はありません。

Q. バターの保存は？
冷蔵庫でも冷凍庫でも
いいですか。

A. はい、冷蔵または冷凍で保存します。室温に戻す場合は、使う30分ほど前に必要な分をはかって冷蔵庫から出しておきます。冷凍している場合は、必要な分だけをひと晩冷蔵庫に移して解凍し、使う30分ほど前に冷蔵庫から出しておきます。

Q. クッキーやパイ生地など、
生地の保存はできますか。
保存した生地の扱いは？

A. クッキー（絞り出しクッキー以外）とパイ生地は、生地の状態で保存ができます。ラップで包み、冷凍用保存袋に入れて冷凍庫へ。1ヶ月ほど保存可。使うときは冷蔵庫で解凍してから使用します。
　アイスボックスクッキーは、棒状に形成した状態でも1個ずつ切り分けた状態でも、冷凍保存ができます。1個ずつ切り分けた状態にしておくと、食べたいときに食べたい分だけ取り出して焼けばいいので、時間のあるときにまとめて作って冷凍庫に入れておいてもいいですね。

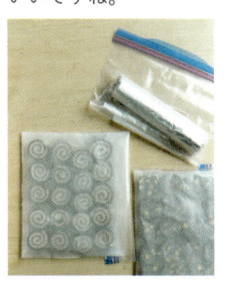

いちごのショートケーキ

真っ白なクリームと真っ赤ないちご、
ふんわり食感のケーキは、永遠のおいしさ。
スポンジ生地に米油を入れるともちっとした食感が加わり、
その生地にキルシュ酒入りのシロップをぬるとしっとり。

✳ **材料**　直径15cmの丸型（底取れタイプ）1台分

スポンジ生地

卵	2個
グラニュー糖	60 g
薄力粉	60 g
米油	15 g
牛乳	10ml

シロップ

グラニュー糖	20 g
水	40ml
キルシュ酒	5 ml
いちご	1個

クリーム

生クリーム（乳脂肪分45〜47％）	200ml
グラニュー糖	15 g
いちご	13〜15個

下準備

- シロップ用のいちごは洗ってヘタを取り、薄切りにする。
- オーブンは160℃に予熱する。

生地を作る。米油と牛乳を小さいボウルに入れ、泡立て器でよく混ぜる。

別のボウルに卵を割り入れてほぐし、グラニュー糖を加えてハンドミキサーの低速で混ぜ、グラニュー糖をなじませる。

高速にし、すくった生地が羽根の中に少しの間こもるくらいしっかりと泡立て、低速にして羽根を浮かすようにして混ぜてキメを整える。

薄力粉をふるい入れ、泡立て器ですくい上げるようにボウルの全体をなぞりながら混ぜる。

粉が見えなくなったら**1**を加え、ゴムベラでムラなく混ぜる。

型に流し入れ、表面をならす。天板にのせ、160℃のオーブンで25〜30分焼く。

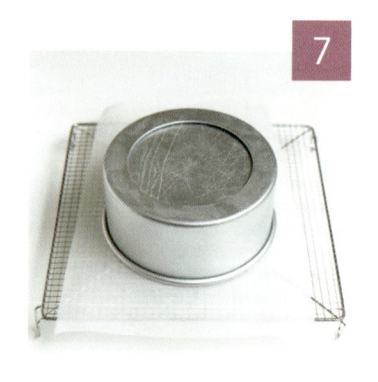

焼き上がったらオーブンシートを敷いたケーキクーラーに逆さまにしてのせ、粗熱が取れたらそのまま冷蔵庫で冷やす。

シロップを作る。鍋に分量の水を入れて沸騰させ、火を止めてグラニュー糖、キルシュ酒、いちごを加え、再び沸騰させ、火を止める。

7を冷蔵庫から出し、生地と型の間にパレットナイフを入れて側面をぐるりとこそげ、逆さまにして側面の型をはずし、底も同様にしてはずす。

パンナイフで、下段をやや厚めにして2枚に切り（3cmと2cm）、上部は薄くそぐ（上部は使わない）。

いちごは洗って水気を拭き、7粒はヘタを取って縦半分に切り、残りはそのまま。

ボウルにクリームの材料を入れ、ボウルの底を氷水に当てながら6分立てにし、⅓量は別にして冷やす。残りはさらに泡立てて8分立てにする。

生地の表面に8のシロップをぬり、下段用に8分立てのクリームをパレットナイフで薄くぬり広げる。

半分に切ったいちごを全体におき、8分立てのクリームでいちごの間をしっかりと埋め、上段の生地をシロップをぬった面を下にして重ねる。

上面にもシロップをぬり、上面と側面に残りの8分立てのクリームをぬり、表面をならす（下ぬり）。シロップに入っているいちごは使わない。

皿などに移し、6分立ての生クリームを上面にのせ、パレットナイフで広げて整え、表面をなでるように生クリームをのばし、筋をつける。

側面もパレットナイフで表面をなでるようにして筋をつける。冷蔵庫で30分以上冷やす。

ヘタつきのいちごを縦半分に切り、ケーキの縁に沿って並べる。

ロールケーキ

キメの細かい別立てスポンジ、はちみつ入りのクリームで作る、
こっくりとした味わいのロールケーキ。
ここでは色の違うフルーツを3種使いましたが、
いちご、桃、みかんなど、季節ごとに変えて楽しめます。

＊材料　1本分

ロールケーキ生地(29×25cmの天板1枚分)

卵黄 ・・・・・・・・・・・・・・・・・・・・・・・	3個分
グラニュー糖 ・・・・・・・・・・・・・・・・	30g
メレンゲ	
卵白 ・・・・・・・・・・・・・・・・・・・・・	3個分
グラニュー糖 ・・・・・・・・・・・・・	50g
薄力粉 ・・・・・・・・・・・・・・・・・・・・・・	50g
バター(食塩不使用) ・・・・・・・・・	30g

クリーム

生クリーム(乳脂肪分45〜47%) ・・・・・・・・	200ml
はちみつ ・・・・・・・・・・・・・・・・・・・	20g
グレープフルーツ(白、ルビー) ・・・・・・・・・	各½個
バナナ ・・・・・・・・・・・・・・・・・・・・・・・・・・	1本
キウイフルーツ ・・・・・・・・・・・・・・・・・	½個

仕上げ用

粉糖・・・・・・・・・・・・・・・・・・・・・・・・・・・	適量

下準備

- バターは小さいボウルに入れ、湯せんで溶かし、冷めないようにそのままにする。(→ p.12)
- 天板の2倍の長さで用意したオーブンシートを半分に折り、裏面(加工のない面)を上にして天板に敷く(→ p.11)。天板はあれば2枚重ねにする。
- オーブンは190℃に予熱する。

生地を作る。ボウルに卵黄を入れてハンドミキサーで軽くほぐし、グラニュー糖を加えて中速で泡立てる。

ふんわりと白く、しっかりした状態になったら、生地が乾かないようにボウルの周りの生地をゴムベラでぬぐってきれいにする。

メレンゲを作る。ボウルに卵白を入れ、グラニュー糖を加え、ハンドミキサーの中速で角が立つまで泡立てる。

2 をメレンゲに加え、泡立て器でさっと混ぜる。

薄力粉をふるい入れ、ふんわりと混ぜる。

粉気がなくなったら溶かしたバターを加え、バターが見えなくなるまでゴムベラで混ぜる。

天板に流し入れ、四隅まで生地を行き渡らせる。カードで表面をならし、190℃のオーブンで12分ほど焼く。

オーブンシートの端を持ち、台の上に生地を移動させる。下側のシートを引き出して生地にかぶせ、そのまま冷ます。

フルーツを準備する。グレープフルーツは薄皮を除いて1房ずつに分ける。バナナとキウイはグレープフルーツ1房の大きさに揃えて切る。

クリームを作る。ボウルに生クリームとはちみつを入れ、ボウルの底を氷水に当てながらハンドミキサーで8分立てにする。

生地にかぶせたオーブンシートの上半分をハサミで切って除き、側面のシートをはがす。表面にラップを当て、そのまま裏返す。

裏側の生地からオーブンシートを少しずつはがす。

クリームを生地にのせ、パレットナイフで平らにぬり広げる。あとでも使うので、ゴムベラでひとすくい分を残しておく。

生地を縦長におき、フルーツを好きな順に並べる。手前から3cm間隔で並べ、向こう側は多めにスペースをあけておく。

ラップごと持ち上げるようにして、生地を押さえながら端を巻き込む。

生地を押さえながら、手前に引くようにして巻いていく。

巻き終わったら表面をぴったりとラップで覆い、残しておいたクリームで両端を埋め、冷蔵庫で1時間ほど冷やす。

ラップを取り、温めたパンナイフで両端を薄く切り落とし、きれいな面を出す。仕上げに粉糖をふる。

モカロール

コーヒー味のスポンジとモカバタークリームで作る、
クラシックなお菓子の定番。
ラム酒が香るモカバタークリームの濃厚な風味が
スポンジとよくなじみ、いつ食べても飽きないおいしさです。

＊**材料　1本分**

ロールケーキ生地（29×25cmの天板1枚分）

卵黄	3個分
グラニュー糖	30g
米油	10g
インスタントコーヒー	2g
熱湯	20ml
メレンゲ	
卵白	3個分
グラニュー糖	50g
薄力粉	50g

モカバタークリーム

インスタントコーヒー	2g
熱湯	20ml
牛乳	70g
グラニュー糖	40g
卵黄	2個分
ラム酒	小さじ1
バター（食塩不使用）	160g

下準備

- バターは室温に戻す。
- 天板の2倍の長さで用意したオーブンシートを半分に折り、裏面（加工のない面）を上にして天板に敷く（→ p.11）。天板はあれば2枚重ねにする。
- オーブンは190℃に予熱する。

生地を作る。ボウルに米油を入れる。インスタントコーヒーに熱湯を加えて混ぜ、溶けたら米油に加えて泡立て器で混ぜる。

別のボウルに卵黄を入れてハンドミキサーで軽くほぐし、グラニュー糖を加えて中速で泡立てる。

ふんわりと白く、しっかりとした状態になったら、生地が乾かないようにボウルの周りの生地をゴムベラでぬぐってきれいにする。

メレンゲを作る。ボウルに卵白を入れ、グラニュー糖を加え、ハンドミキサーの中速で角が立つまで泡立てる。

3をメレンゲに加えて泡立て器でさっと混ぜ、薄力粉をふるい入れ、粉気がなくなるまで泡立て器ですくっては返すように混ぜる。

1を再度しっかり混ぜてから**5**に加え、ゴムベラですくっては返すように混ぜる。

天板に流し入れ、四隅まで生地を行き渡らせ、カードで表面をならし、190℃のオーブンで11分ほど焼く。

オーブンシートの端を持ち、台の上に生地を移動させる。下側のシートを引き出して生地にかぶせ、そのまま冷ます。

モカバタークリームを作る。鍋にインスタントコーヒーを入れ、熱湯を注いで泡立て器で混ぜて溶かす。

10

牛乳、グラニュー糖、卵黄、ラム酒を加えてその都度混ぜる。ゴムベラで混ぜながら弱火にかけ、とろみがついたら火からおろす。

11

鍋底を冷水に当て、混ぜながらすぐに冷やす。

12

ボウルにバターを入れ、ハンドミキサーの中速で軽やかなクリーム状になるまで混ぜ、**11**を5回に分けて加え、その都度混ぜる。

13

生地にかぶせたオーブンシートの上半分をハサミで切り、側面のシートをはがす。切り離したシートを生地の表面に当て、そのまま裏返す。

14

裏側の生地からオーブンシートを少しずつはがす。表面にラップを当て、そのまま裏返してシートをはずす。

15

短い辺の端から1.5cmをあけて、生地の表面にモカバタークリームをぬる。あとでも使うので、ゴムベラでひとすくい分を残しておく。

16

クリームをぬっていない部分が手前にくるように生地を縦長におき、p.23の作り方**15～16**と同様にして巻く。

17

巻き終わったらぴったりと表面をラップで覆い、残しておいたモカバタークリームで両端を埋め、冷蔵庫で1時間ほど冷やす。

18

ラップを取り、温めたパンナイフで両端を薄く切り落とし、きれいな面を出す。

ベイクドチーズケーキ

材料を次々に混ぜて、あとは焼くだけの簡単レシピ。
生地にサワークリームを加えて軽やかな味わいに仕上げます。
焼き上がったら、冷蔵庫でひと晩冷やすのがおいしさのポイント。
味が落ち着いて、しっとりとします。

✻ 材料　直径15cmの丸型（底取れタイプ）1 台分

クリームチーズ ······························· 300 g
グラニュー糖 ································ 80 g
バニラビーンズ ····························· 4 cm
サワークリーム ····························· 90 g
生クリーム（乳脂肪分35〜36%）············· 100ml
薄力粉 ·································· 20 g
卵 ···································· 2 個

下準備

● クリームチーズは室温に戻す。
● 型に薄くバター（食塩不使用。分量外）をぬり、オーブン
　シートを敷く（→ p.11）。
● オーブンは160℃に予熱する。

バニラビーンズはさやに切り込みを入れ、指で種をしごき出し、グラニュー糖に加えて混ぜる。なじんだら、さやは除く。

ボウルにクリームチーズを入れ、ゴムベラで練ってなめらかにする。

1を加えて練り混ぜ、なめらかにする。

サワークリームを加えて混ぜる。

薄力粉をふるい入れ、泡立て器でなめらかになるまで混ぜる。ボウルの下にぬれ布巾を敷くと安定して混ぜやすい。

卵を1個ずつ入れ、その都度しっかりと混ぜる。

ダマがなくなって生地がなめらかになったら、生クリームを2回に分けて加え、その都度混ぜる。

型に生地を流し入れ、表面をゴムベラでならす。

天板にのせ、160℃のオーブンで35〜40分焼く。

焼き上がったら型に入れたままケーキクーラーにのせて冷ます。

粗熱が取れたら、ふんわりとラップをかけ、冷蔵庫で3時間以上冷やす。

オーブンシートと型の間に温めたパレットナイフを入れて側面をぐるりと一周させる。

瓶などの上に型をおき、型を押し下げてはずす。底もパレットナイフを差し入れてはずし、オーブンシートをはずす。

スフレチーズケーキ

メレンゲを加えたクリームチーズ生地は
ひと口頬張るとふわっとやさしく、
湯せん焼きにすることで、しっとり軽い食べ心地。
さわやかなレモンの風味が特徴です。

❋材料 直径15cmの丸型（底取れタイプ）1台分

クリームチーズ ···························· 200g
バター（食塩不使用） ···················· 30g
グラニュー糖 ···························· 40g
薄力粉 ·································· 30g
生クリーム（乳脂肪分45〜47%） ··········· 100ml
卵黄 ··································· 2個分
レモン（国産） ·························· ½個
メレンゲ
　卵白 ································· 2個分
　グラニュー糖 ························· 40g

下準備
● クリームチーズ、バターは室温に戻す。
● 型の側面にオーブンシートを型よりも少し高くなるように敷く（→ p.11）。
● オーブンは160℃に予熱する。

レモンは洗い、½個分の皮をすりおろす。果汁は搾って5ml用意する。

ボウルにバターを入れて少し練り、クリームチーズを加えてゴムベラでなめらかになるまでよく混ぜる。

グラニュー糖を加えて混ぜる。

薄力粉をふるい入れ、泡立て器でよく混ぜる。

生クリームを2回に分けて加え、その都度よく混ぜる。

卵黄を加えてよく混ぜる。

レモンの皮とレモン果汁を加えて混ぜる。

メレンゲを作る。ボウルに卵白を入れ、グラニュー糖を加え、ハンドミキサーの中速で角が立つまで泡立てる。

メレンゲの半量を**7**に加えて泡立て器で混ぜ、残りのメレンゲを入れてゴムベラでムラなく混ぜる。

型に流し入れ、表面をならす。型の底と側面を、アルミホイルを2重にして覆う。

バットにのせ、バットの1.5〜2cm深さまで湯を張る。バットごと天板にのせ、160℃のオーブンで50分ほど焼く。

焼き上がったら型のままケーキクーラーにのせて冷まし、そのまま冷蔵庫で冷やす。

アルミホイルをはずし、オーブンシートと型の間に温めたパレットナイフを入れて側面をぐるりと一周させる。

瓶などの上に型をおき、型を押し下げてはずす。底もパレットナイフを差し入れてはずし、オーブンシートをはずす。

レアチーズケーキ

クリームチーズにヨーグルトと生クリームを加えた生地は
あっさりとしていながらもコクがあって美味。
土台にはシナモンの香りをプラスし、
トッピングクリームにははちみつを加えてリッチな味わいに。

✳ 材料　14×14cmの角型1台分

チーズ生地

クリームチーズ	200g
生クリーム（乳脂肪分35〜36%）	120ml
グラニュー糖	80g
プレーンヨーグルト	120g
粉ゼラチン	5g
水	15ml
白ワイン	50ml

土台

ビスケット（市販）	60g
バター（食塩不使用）	20g
シナモンパウダー	小さじ¼

トッピング用クリーム

生クリーム（乳脂肪分35〜36%）	50ml
はちみつ	小さじ1

仕上げ用

タイム	適量

下準備

- クリームチーズは室温に戻す。
- バターは1cm角に切って冷蔵庫で冷やす。
- ゼラチンは分量の水にふり入れ、ふやかす（→ p.12）。
- 型にオーブンシートを敷く（→ p.11）。

土台を作る。ビスケットを適当な大きさに割り、バター、シナモンパウダーとともにフードプロセッサーに入れて撹拌し、細かく砕く。

1を型の底に敷き込み、軽く押さえる。

チーズ生地を作る。ボウルに生クリームを入れ、ボウルの底を氷水に当てながらハンドミキサーで8分立てにする。使うまで冷蔵庫で冷やす。

別のボウルにクリームチーズを入れ、ゴムベラでクリーム状に練る。

グラニュー糖を加えてなめらかになるまで混ぜる。

ヨーグルトを2回に分けて加え、その都度混ぜる。

鍋に白ワインを入れて強火にかけ、沸騰させてアルコール分を飛ばし、火からおろす。

7にふやかしたゼラチンを加え、混ぜながら溶かす。

ゴムベラでふたすくい分の**6**を加え、泡立て器で混ぜ合わせる。

6 のボウルに戻し入れ、全体に混ぜる。

3 の生クリームを 2 回に分けて加え、その都度混ぜる。

型に流し入れ、ゴムベラで表面をならし、冷蔵庫で 3 時間以上冷やす。

トッピング用クリームを作る。ボウルに生クリームとはちみつを入れ、ボウルの底を氷水に当てながらハンドミキサーで 8 分立てにする。

オレンジソースを添えても美味

オレンジ 1 個の果肉（皮と白いワタの部分は除く）を細かく切り、オレンジの皮のすりおろし 1 個分、グラニュー糖30 ｇ、レモン果汁10mlとともに鍋に入れて弱めの中火で 5 分ほど煮る。冷蔵庫で冷やしておく。

チーズケーキをオーブンシートごと型から出し、シートをはずして器にのせ、13 をゴムベラでバランスよく盛り、タイムを飾る。

メープル風味のシフォンケーキ

メープルシロップを入れた生地は、
やわらかな甘みと風味があり、やさしい味わい。
ちゃんと膨らませるポイントは、メレンゲを加えたら
泡をつぶさないように、必要以上に混ぜないことです。

＊材料　直径17cmのシフォン型1台分

卵黄 ・・・・・・・・・・・・・・・・・・・・・・・・・・・・・ 3個分
メープルシロップ ・・・・・・・・・・・・・・・・・・・ 85ml
米油 ・・・・・・・・・・・・・・・・・・・・・・・・・・・・・・・ 45g
薄力粉 ・・・・・・・・・・・・・・・・・・・・・・・・・・・・・ 85g
メレンゲ
　卵白 ・・・・・・・・・・・・・・・・・・・ 140g（約3½個分）
　グラニュー糖 ・・・・・・・・・・・・・・・・・・・・・ 40g

下準備

● オーブンは160℃に予熱する。

ボウルに卵黄を入れ、ハンドミキサーの低速で軽くほぐす。

メープルシロップを加え、白っぽくもったりするまでハンドミキサーの高速で泡立てる。

米油を4回に分けて加え、その都度混ぜる。

薄力粉をふるい入れ、泡立て器で粉気がなくなるまで混ぜる。

混ぜ終わったら、生地が乾かないようにボウルの周りの生地をゴムベラでぬぐってきれいにする。

メレンゲを作る。ボウルに卵白を入れ、グラニュー糖を加え、ハンドミキサーの中速で角が立つまで泡立てる。

5にメレンゲの1/3量を加え、泡立て器で混ぜる。

マーブル状に混ざり、メレンゲのかたまりがほぐれたら 6 のボウルに戻し入れ、泡立て器で混ぜる。

8割程度混ざったら、混ぜ残しがないようにゴムベラで生地を整える。

型に流し入れる。途中で型をゆすって表面をならしながら入れるとよい。

ゴムベラで表面をならし、天板にのせ、160℃のオーブンで35分ほど焼く。

焼き上がったら、逆さまにしてケーキクーラーにのせて冷ます。粗熱が取れたら冷蔵庫で3時間以上しっかりと冷やす。

冷蔵庫から取り出し、型の側面よりも外側にはみ出している部分をパンナイフで切り落とす。

生地と型の間に底につくまでまっすぐにパレットナイフを差し込み、側面をぐるりとこそげる。中央の部分はパンナイフでぐるりとこそげる。

逆さにして型からはずす。

はずした型の上に生地をのせ、生地と底板の間をパレットナイフを入れてこそげる。生地を回転させるようにして少しずつ行うとよい。

生地を逆さまにして底板を取る。切り分けて器に盛り、泡立てた生クリームとローストナッツ（各材料外）を添える。

ヴィクトリアサンドイッチケーキ

ヴィクトリア女王ゆかりの、イギリスで最も親しまれている
ティータイムに欠かせないお菓子。
プレーンなバターケーキにベリーのジャムとクリームを
サンドした、シンプルで飽きのこないおいしさが魅力です。

＊材料　直径15cmの丸型1台分

バターケーキ生地

バター（食塩不使用）	60g
米油	60g
きび砂糖	110g
塩	少々
卵	2個
薄力粉	160g
ベーキングパウダー	小さじ1弱
牛乳	30ml

いちごジャム

いちご	100g
グラニュー糖	30g
レモン果汁	10ml

クリーム

生クリーム（乳脂肪分45〜47％）	100ml
サワークリーム	30g

仕上げ用

粉糖	適量

下準備

- バター、牛乳、卵は室温に戻す。
- いちごは洗ってヘタを取る。
- 型にオーブンシートを敷く（→ p.11）。
- オーブンは160℃に予熱する。

いちごジャムを作る。鍋にジャムの材料を入れて中火にかけ、いちごをつぶしながら、とろみが出るまで5〜10分煮る。

バターケーキ生地を作る。ボウルにバターを入れてやわらかめのクリーム状になるまでハンドミキサーの低速で混ぜる。

米油を4〜5回に分けて少しずつ加え、その都度しっかりと混ぜる。

きび砂糖と塩を加えて混ぜる。

卵を割りほぐし、5回に分けて加え、その都度中速でしっかりと混ぜる。

薄力粉、ベーキングパウダーを合わせてふるい入れ、ゴムベラでなめらかになるまでしっかりと混ぜる。

牛乳を加えてムラなく混ぜる。

型に流し入れ、表面をならす。

天板にのせ、160℃のオーブンで40〜45分焼く。

焼き上がったら型からはずし、ケーキクーラーにのせて冷ます。冷めたらオーブンシートをはずす。

クリームを作る。ボウルに生クリームとサワークリームを入れ、ハンドミキサーで8分立てより少しかために泡立てる。

10の生地を、パンナイフで下段をやや厚めにして2枚に切る。

下段にスプーンなどでいちごジャムをぬり、ゴムベラで**11**のクリームをひとすくいずつのせ、表面を埋める。

上段の生地をかぶせ、器に盛り、茶漉しで粉糖をふる。

切り分けるとき、上の生地を先に切り分け、それをガイドラインにすると、上下がずれることなくきれいに切り分けることができる。

レモンケーキ

レモンの果汁と皮をたっぷり使った香りのよいケーキに
アイシングをかけた、食べ応えのあるケーキ。
生地に使う油脂はバターと米油を半量ずつ。
米油を入れると分離しにくく、ぐっと作りやすくなります。

＊材料　直径16.5cmのクグロフ型1台分

ケーキ生地

バター（食塩不使用）	60g
米油	60g
きび砂糖	100g
卵	2個
薄力粉	120g
ベーキングパウダー	小さじ½
レモン（国産）の皮	1個分
プレーンヨーグルト	10g
レモン果汁	15ml

アイシング

粉糖	60g
レモン果汁	10ml

下準備

- バター、卵、ヨーグルトは室温に戻す。
- レモンは洗って皮をすりおろす。
- 型に薄くバター（食塩不使用。分量外）をぬる。
- オーブンは160℃に予熱する。

生地を作る。ボウルにバターを入れてゴムベラで練り、ハンドミキサーの中速でなめらかになるまで混ぜる。

米油を3回に分けて加え、その都度やわらかいクリーム状になるまでしっかりと混ぜる。

きび砂糖を加えて混ぜる。

卵を割りほぐし、4回に分けて加え、その都度よく混ぜる。

薄力粉、ベーキングパウダーを合わせてふるい入れ、ゴムベラでなめらかになるまで混ぜる。

レモンの皮のすりおろし、ヨーグルトを加え、ゴムベラでなめらかになるまで混ぜる。

型に流し入れて表面をならす。

台にトントンと落として空気を抜く。天板にのせ、160℃のオーブンで35分ほど焼く。

焼き上がったら、すぐにケーキクーラーにのせ、逆さまにして型からはずす。

すぐに、表面にレモン果汁を刷毛で
ぬる。

アイシングを作る。小さいボウルに
粉糖とレモン果汁を入れ、ゴムベラ
でよく混ぜ合わせる。

10がまだ温かいうちにスプーンで
アイシングをかけ、指につかなくな
るまで乾かす。

レモン（国産。分量外）の皮を洗い、
ピーラーでそいでケーキの上面に飾
る。

10

キャロットケーキ

材料は多めですが、どんどん混ぜていくだけなので
思いのほか簡単。甘みには黒糖とはちみつを使って
しっとりとコクのある味に仕上げます。上面に
チーズクリームをたっぷりぬると、華やかな印象になります。

✳ 材料　14×14cmの角型1台分

にんじん	小1本(110g)
黒糖	60g
はちみつ	10g
塩	少々
卵	1個
プレーンヨーグルト	50g
米油	50g
薄力粉	140g
ベーキングパウダー	小さじ1
シナモンパウダー	小さじ1
チーズクリーム	
クリームチーズ	100g
バター(食塩不使用)	30g
粉糖	20g

下準備

- クリームチーズ、バターは室温に戻す。
- 型にオーブンシートを敷く(→ p.11)。
- オーブンは160℃に予熱する。

にんじんは洗って皮ごとすりおろし、100g用意する。

ボウルににんじん、黒糖、はちみつ、塩を入れ、泡立て器でよく混ぜる。

卵を加えて混ぜ、ヨーグルトを加えてさらに混ぜる。

米油を加えて混ぜる。

薄力粉、ベーキングパウダー、シナモンパウダーを合わせてふるい入れ、なめらかになるまで混ぜる。

型に流し入れてならす。

天板にのせ、160℃のオーブンで40分ほど焼く。

焼き上がったら型からはずし、ケーキクーラーにのせて冷ます。

チーズクリームを作る。ボウルにバターを入れてゴムベラで練り、クリームチーズを加えてなめらかになるまでよく混ぜる。

粉糖を加えてよく混ぜる。

8のケーキが冷めたらオーブンシートをはずし、**10**のチーズクリームをのせる。

パレットナイフで全体にぬり広げ、冷蔵庫で30分ほど冷やす。

型なしアップルパイ

強力粉、薄力粉、全粒粉を同割で作る練りパイ生地はザクッと小気味よく、
焼き色がしっかりとついたところは香ばしく、
生地のおいしさが存分に味わえるのが魅力。
型を使わないので、気軽にチャレンジできます。

✳ 材料　直径22〜23cmの丸形1台分

パイ生地

強力粉	40 g
薄力粉	40 g
全粒粉	40 g
塩	2 g
バター（食塩不使用）	75 g
水	45ml
米酢	1 滴

りんごの甘煮

りんご（ふじ）	小 3 個
グラニュー糖	40 g
レモン果汁	10ml
バター（食塩不使用）	10 g
牛乳	適量

下準備

● パイ生地に使うバターは 1 cm角に切って冷蔵庫で冷やす。

パイ生地を作る。フードプロセッサーに強力粉、薄力粉、全粒粉、塩を入れて攪拌し、バターを入れ、バターが米粒大になるまで攪拌する。

分量の水と酢を合わせて加え、さっと攪拌する。

打ち粉（分量外）をした台の上に取り出し、打ち粉（分量外）をしながらひとまとめにする。

ラップをかぶせてめん棒で2cm厚さに丸くのばし、ラップで包んでならし、冷蔵庫で1時間ほど冷やす。

4の生地を打ち粉（分量外）をした台の上に取り出し、めん棒で丸くのばしていく。少しずつ回転させ、途中、裏返してのばす。

3mm厚さ、直径28cmほどまでのばす。

トレーなどにのせ、ラップで覆い、冷蔵庫で1時間ほど冷やす。

りんごの甘煮を作る。りんごは皮むき器で皮をむく。

縦半分に切ってくり抜き器で芯の部分を取り除き、8等分のくし形に切る。正味550gほど用意する。

フライパンにりんごを入れ、グラニュー糖、レモン果汁をかけ、バターを1cm角に切ってのせ、ふたをして弱火にかける。

りんごから水分が出てやわらかくなってきたら、ふたを取り、フライパンをゆすりながら焼き色がつくまで煮つめる。

バットなどに取り出して冷ます。オーブンを200℃に予熱する。

7の生地をオーブンシートの上におき、りんごを中心から順に盛りつけていく。

生地の縁3cmくらいを残して丸く盛りつける。

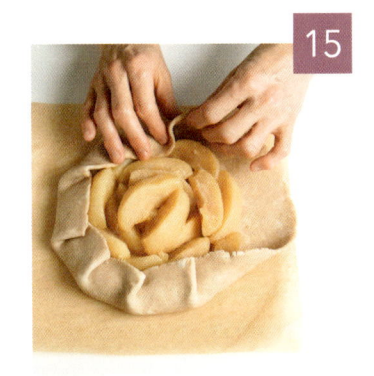

縁を内側に折り込むようにして包む。

生地に牛乳を刷毛でぬる。

天板にオーブンシートごとのせ、200℃のオーブンで30分ほど焼き、180℃に下げて20分ほど焼く。焦げないように調整する。

オーブンシートをはずし、ケーキクーラーにのせて冷ます。食べるときに、バニラアイスクリーム（材料外。→p.200または市販）を添える。

薄焼きアップルパイ

薄く焼いた練りパイ生地はサクッとしてライトな食べ心地、
りんごの香りと甘さが口の中に広がります。
赤いりんごを皮つきのままごく薄く切って使うのがおすすめ。
焼きたてアツアツを食べられるのが、手作りならではの醍醐味。

✱ 材料 24×24cmの角形1台分

パイ生地

強力粉	50g
薄力粉	50g
塩	1.5g
バター(食塩不使用)	60g
水	35ml
米酢	1滴
りんご(紅玉またはジョナゴールド)	1個
レモン果汁	10ml
グラニュー糖	20g
バター(食塩不使用)	10g

下準備

● パイ生地に使うバター、焼くときにのせるバターともに、1cm角に切って冷蔵庫で冷やす。

パイ生地を作る。フードプロセッサーに強力粉、薄力粉、塩、バターを入れ、バターが米粒大になるまで攪拌する。

分量の水と酢を合わせて加え、さっと攪拌する。

打ち粉(分量外)をした台の上に取り出し、打ち粉(分量外)をしながらひとまとめにする。

ラップをかぶせ、めん棒で長方形にのばす。

3つ折りにする。

向きを90度変えてめん棒でのばし、3つ折りにする。

ラップで包んで冷蔵庫で1時間ほど冷やす。

7の生地を打ち粉(分量外)をした台の上に取り出し、めん棒でのばしていく。途中、裏返してのばす。

大きくなってきたらめん棒に巻きつけて裏返し、最終的に3mm厚さ、28cm角にのばす。

トレーなどにのせ、ラップで覆い、冷蔵庫で1時間ほど冷やす。

りんごは洗って皮つきのまま縦半分に切り、くり抜き器で芯の部分を取り除き、2mm厚さに切る。オーブンを200℃に予熱する。

10の生地をオーブンシートの上におき、りんごを少しずらしながら並べる。1列並べたら180度向きを変え、残りも同様にして並べる。

生地の四方の縁を、指で押さえながら内側に折り込む。

レモン果汁をかけ、グラニュー糖をふりかけ、バターを散らす。

オーブンシートごと天板にのせ、200℃のオーブンで25分ほど焼き、180℃に下げて10分ほど焼く。焦げないように調整する。

焼き上がり。オーブンシートをはずし、ケーキクーラーにのせて粗熱を取る。

レモンタルト

サクッと香ばしい重量感のあるタルトと
濃厚でコクのあるレモンカードは、黄金のコンビ。
仕上げに、生クリームを一面に絞り出して
レモンの皮を飾ると華やかで、味わいもリッチになります。

❋ 材料　直径16cmのタルト型1台分

タルト生地

薄力粉	70g
粉糖	20g
塩	少々
バター（食塩不使用）	45g
溶き卵	15g（約¼個分）

レモンカード

レモン果汁	50ml
レモン（国産）の皮のすりおろし	½個分
グラニュー糖	50g
卵	2個
バター（食塩不使用）	35g
生クリーム（乳脂肪分45〜47%）	100ml

仕上げ用

レモン（国産）の皮	½個分

下準備

● タルト生地に使うバター、レモンカードに使うバター
　ともに、1cm角に切って冷蔵庫で冷やす。

タルト生地を作る。フードプロセッサーに薄力粉、粉糖、塩、バターを入れ、バターが米粒大になるまで撹拌する。

溶き卵を加えて撹拌する。

生地がポロポロとしてきたら、止める。

打ち粉（分量外）をした台の上に取り出し、なめらかになじむまで手のひらで練る。

ひとまとめにしてラップで包み、冷蔵庫で1時間冷やす。

5の生地を打ち粉（分量外）をした台の上に取り出し、めん棒で3mm厚さ、直径18〜19cmに丸くのばす。型よりひと回り大きいくらい。

型にぴっちりと敷き込む。指で底面、側面をしっかり押さえながら、きれいに敷き込む。

余分な生地を取り除く。再び、冷蔵庫で1時間冷やす。取り除いた生地は丸くまとめ、一緒に冷やす。オーブンを160℃に予熱する。

8を天板にのせ、オーブンシートを敷いて重石をのせ、160℃のオーブンで20分焼く。丸くまとめた生地ものせて焼き、クッキーにする。

重石とオーブンシートをはずし、クッキーもはずし、さらに10〜15分焼く。ケーキクーラーにのせて冷ます。

レモンカードを作る。ボウルにレモン果汁、グラニュー糖を入れて泡立て器で混ぜる。

卵を溶いて**11**に加えて混ぜ、レモンの皮のすりおろしを加え、バター25ｇを加える。

湯せんにかけて混ぜながら温め、バターが溶けてとろみがついたら湯せんからはずす。

残りのバターを加え、混ぜながら溶かす。

10の生地が冷めたら、ゴムベラでレモンカードを流し入れてならし、すぐに冷蔵庫で冷やす。

ボウルに生クリームを入れ、ボウルの底を氷水に当てながらハンドミキサーで8分立てにする。

クリームを星形口金をつけた絞り袋に入れ、タルトの表面に絞る。縁に沿って絞り出し、円を描くように順番に絞っていく。

仕上げに、レモンの皮をすりおろしてところどころに飾る。

シュークリーム

バニラの香りのカスタードクリームを思う存分楽しめるのが
シュークリーム。シューは、しっかりめに焼くと
その日食べる分はパリッとサクサク、
次の日は少しやわらかくなって、違うおいしさが楽しめます。

＊材料　直径約5cmのもの16個分

シュー生地

水	50ml
牛乳	50ml
グラニュー糖	10g
塩	1g
バター（食塩不使用）	50g
薄力粉	60g
卵	2個

カスタードクリーム

卵黄	4個分
バニラビーンズ	4cm
グラニュー糖	80g
薄力粉	28g
牛乳	400ml
バター（食塩不使用）	20g
生クリーム（乳脂肪分45〜47%）	100ml
グラニュー糖	10g

下準備

- シュー生地に使う薄力粉はふるう。
- シュー生地に使うバターは1〜2cm角に切る。
- カスタードクリームに使うバターは1cm角に切って冷蔵庫で冷やす。
- バニラビーンズはさやに切り込みを入れ、指で種をしごき出し、グラニュー糖に加えて混ぜる。
- 天板にオーブンシートを敷く。オーブンシートは3つ折りにし、さらに縦を4つ折りにして、折り目をつけておく。天板の大きさによって2セット必要。
- オーブンは180℃に予熱する。

シュー生地を作る。鍋に分量の水、牛乳、グラニュー糖、塩、バターを入れて中火にかける。

しっかりと沸騰したら火からおろし、ふるった薄力粉を入れてゴムベラで混ぜる。

しっかりと練り混ぜてひとつにまとめる。

再び中火にかけ、混ぜながら火を通し、鍋底に膜が張ってきたらすぐに火からおろし、ボウルに移す。

卵を小さいボウルに入れて泡立て器で溶きほぐし、$\frac{1}{6}$量を **4** のボウルに加え、ゴムベラで卵を生地にしみ込ませるように一方向に混ぜる。

残りの卵を5回に分けて加え、同様に混ぜる。ゴムベラで持ち上げたとき、三角形にたれ下がってからゆっくり落ちるくらいのかたさにする。

丸形口金をつけた絞り袋に入れ、少量を指に取って天板の四隅につけてオーブンシートをくっつけ、直径4cmに絞る。刷毛で水(分量外)をぬる。

180℃のオーブンで15分焼き、焼き色がついてきたら170℃に下げて10分、さらに160℃にして5分焼く。ケーキクーラーにのせて冷ます。

カスタードクリームを作る。ボウルに卵黄を入れて泡立て器で混ぜ、バニラ入りのグラニュー糖を半量加えてよく混ぜる。

薄力粉をふるい入れ、泡立て器でしっかりと混ぜる。

鍋に牛乳、残りのバニラ入りグラニュー糖を入れて弱火にかけ、混ぜながら湯気が出るまで温める。**10**に3回に分けて加え、よく混ぜる。

万能漉し器で漉しながら鍋に戻す。

泡立て器でしっかりと混ぜながら中火で火を通し、とろみがついてなめらかになってきたらゴムベラに替え、焦げないように火を通す。

フツフツと沸騰し、とろとろになるまでしっかりと煮たら火からおろし、バターを加え、混ぜて溶かす。

ボウルなどに移し、表面にぴったりとラップを張って乾かないようにする。ボウルの底を氷水で冷やして急冷し、その後冷蔵庫で冷やす。

ボウルに生クリームとグラニュー糖を入れ、ボウルの底を氷水に当て、ハンドミキサーで9分立てにする。

冷やしておいたカスタードクリームを**16**に加えて混ぜる。混ぜすぎず、8割くらい混ざればよい。丸形口金をつけた絞り袋に入れる。

焼き上がったシューの上⅓を切り取り、**17**をたっぷりと絞り入れる。切り取った部分をのせ、好みで、茶漉しで粉糖(材料外)をふる。

15

パヴロヴァ

ロシアのバレリーナ、アンナ・パヴロヴァに由来する、
見た目の純白さが魅力のメレンゲ菓子。
表面はサクサク、中はふんわり。
クリーム、フレッシュフルーツとの取り合わせが絶妙です。

❋材料　直径18cmのもの1台分

メレンゲ

卵白	……………………	80g（約2個分）
グラニュー糖	…………………	100g
塩	………………………	ひとつまみ

いちごジャム

いちご	…………………	100g
レモン果汁	………………	10ml
グラニュー糖	………………	30g

クリーム

生クリーム（乳脂肪分35〜36%）	…………	100ml
プレーンヨーグルト	……………	100g

ベリー類（いちご、ラズベリー、ブルーベリーなど）・適量

下準備

- ヨーグルトはキッチンペーパーを敷いたザルに入れ、3時間以上水きりする。コーヒードリッパーにペーパーフィルターをセットしてヨーグルトを入れ、水きりしてもいい。
- オーブンシートは天板のサイズに合わせて切る。
- オーブンは110℃に予熱する。

メレンゲを作る。卵白をボウルに入れてグラニュー糖少々を加え、ハンドミキサーの低速で泡立てる。

白っぽくなってきたら残りのグラニュー糖の⅕量を加え、高速で泡立てる。

残りのグラニュー糖を4回に分けて加え、その都度泡立てる。

最後に塩を加え、低速でツヤが出てしっかりとするまで泡立てる。

ボウルの周りのメレンゲをゴムベラでぬぐってひとまとめにする。

天板を逆さまにし、**5**のメレンゲを指先に少し取り、天板の四隅にのり代わりにつける。

オーブンシートをくっつけ、メレンゲの全量をパレットナイフでのせ、広げていく。

高さ3〜3.5cm、直径16cmほどに丸く広げ、上面をやさしくならす。

側面も、表面をなでるようにしてざっと整える。

このまま110℃のオーブンに入れ、110分ほど焼く。

焼いている間にいちごジャムを作る。鍋にジャムの材料を入れて軽く混ぜ、中火にかける。

いちごをつぶしながら、とろみが出るまで煮る。

容器に入れ、使うまで冷蔵庫で冷やす。

メレンゲが焼き上がったら、冷めるまでオーブンの中に入れて乾燥させ、冷めたらケーキクーラーの上に取り出す。

クリームを作る。ボウルに生クリームを入れてハンドミキサーで8分立てにし、水きりしたヨーグルトを加える。

ハンドミキサーでよく混ぜて、しっかりとしたクリームにする。

メレンゲを器に盛り、スプーンでいちごジャムをぬり、クリームをスプーンですくってのせる。

ベリー類は洗って水気を拭き、いちごはヘタを取って半分に切る。クリームの上にたっぷりとのせる。

モンブラン

アーモンド風味のメレンゲの上に、泡立てた生クリームと
マロンクリームをたっぷりとのせた、秋に作りたいお菓子。
ちょっと手間はかかりますが、その分おいしさもひとしおです。
アーモンドメレンゲは作りおきOK、常温で1週間ほど保存可。

✱ 材料　8個分

アーモンドメレンゲ（作りやすい分量・18個分）

| 卵白 ………………………… 60g（約 1$\frac{1}{2}$個分） |
| きび砂糖 ……………………………… 100g |
| アーモンドパウダー …………………… 20g |

マロンクリーム

| 栗 …………………………………… 400g |
| きび砂糖 ……………………………… 60g |
| シロップ |
| 　水 ………………………………… 30ml |
| 　きび砂糖 …………………………… 15g |
| 　ラム酒 ………………………… 小さじ1 |
| バター（食塩不使用） ………………… 30g |

生クリーム（乳脂肪分45〜47%）…………… 100ml

下準備

• 天板にオーブンシートを敷く。オーブンシートは3つ
折りにし、さらに縦を3つ折りにして、折り目をつけ
ておく。天板の大きさによって2セット必要。

• オーブンは130℃に予熱する。

アーモンドメレンゲを作る。ボウルに卵白を入れてきび砂糖5gを加え、ハンドミキサーの低速で泡立てる。

白っぽくなってきたらきび砂糖50gを5回に分けて加え、その都度高速で泡立てる。最後は低速でキメを整える。

しっかりとしたツヤのあるメレンゲを作ったら、アーモンドパウダーと残りのきび砂糖をふるいながら加える。

ゴムベラで混ぜ合わせる。

ボウルの周りのメレンゲをゴムベラでぬぐってひとまとめにする。

丸形口金をつけた絞り袋に入れ、天板に直径4cmほどの大きさに丸く絞り出す。18個ほどになる。130℃のオーブンで60分ほど焼く。

焼き上がったら、オーブンシートごとケーキクーラーにのせて冷ます。

栗をゆでる。栗はたっぷりの水とともに鍋に入れて中火にかけ、沸騰したら弱めの中火で40分～1時間ゆで、ザルに上げて冷ます。

ゆでている間にシロップを作る。鍋に分量の水、きび砂糖を入れて混ぜながら沸騰させ、ラム酒を加えて再沸騰させる。容器に入れて冷ます。

マロンクリームを作る。栗を熱いうちに半分に切り、スプーンで実をくり抜く。

ボウルの上に目の細かい漉し器をのせ、木ベラなどを使って裏漉しする。裏漉しすると、300 gほどになる。

すぐにきび砂糖を加えてゴムベラで混ぜる。

別のボウルにバターを入れて室温に戻して練り、**12**の栗ペーストの⅓量を加えてゴムベラで混ぜる。

残りの栗ペーストを2回に分けて加え、その都度よく混ぜ、栗ペーストとバターをなじませる。

9のシロップを加えて混ぜ、絞れるかたさに調節する。星形口金をつけた絞り袋に入れておく。

ボウルに生クリームを入れ、ボウルの底を氷水に当て、ハンドミキサーで8分立てにする。

16を丸形口金をつけた絞り袋に入れ、メレンゲの上に適量ずつ絞り出す。

続いて**15**のマロンクリームを外側から内側に向かって円を描くようにぐるりと絞り出す。

ミルクレープ

クレープ生地にアーモンドパウダーを入れると、
しっとりとした焼き上がり。ここではレモンジャムと
生クリームをはさみながら17枚重ねて
高さとボリュームを出し、ケーキ仕立てにします。

❋ 材料　直径20cmのもの1台分

クレープ生地（17枚分）

薄力粉	120g
アーモンドパウダー	30g
きび砂糖	30g
塩	少々
牛乳	270ml
卵	3個
バター（食塩不使用）	30g
米油	適量

レモンジャム（作りやすい分量）

レモン	3〜4個
水	300ml
グラニュー糖	150g

クリーム

生クリーム（乳脂肪分45〜47%）	300ml
プレーンヨーグルト	30g
グラニュー糖	40g

レモンジャムを作る。レモンは皮を
むいて8等分のくし形に切り、薄皮
と白いワタをそぎ取り、半分に切る。
正味約150gになる。

鍋に **1** と分量の水を入れて弱火にか
け、透明感が出るまで混ぜながら
20分ほど煮、いったん火を止めて
グラニュー糖を加える。

再び弱火にかけ、混ぜながら5分ほ
ど煮つめる。容器に入れ、使うまで
冷蔵庫で冷やす。

クレープ生地を作る。バターをボウ
ルに入れ、湯せんで溶かし、冷めな
いようにそのままにする。

ボウルに薄力粉、アーモンドパウダ
ー、きび砂糖、塩を合わせてふるい
入れ、半量の牛乳を加えて泡立て器
でしっかりと混ぜる。

残りの牛乳を加えて混ぜる。2回に
分けて入れるとダマになりにくい。

卵を加えて混ぜる。

4 のバターを加えて混ぜる。

ラップで覆い、室温で30分以上休
ませる。

直径20cmのフライパンを温め、キッチンペーパーで薄く米油をぬる。中火にし、お玉1杯分の生地を流し入れて広げる。

生地の端が色づいてきたら、パレットナイフを差し込んでそっと裏に返す。

裏面をさっと焼いて火を通し、まな板などの上に取り出す。同様に合計17枚焼き、重ねていく。

クリームを作る。ボウルに生クリーム、ヨーグルト、グラニュー糖を入れてハンドミキサーでしっかりと混ぜ、9分立てにする。

器にクレープ1枚をおき、クリームを30gほどのせて、全体に薄くぬり広げる。

クレープ1枚を重ねてのせ、クリームを30gほどのせて、全体に薄くぬり広げる。

クレープ1枚を重ねてのせ、レモンジャム適量をのせて全体にぬり広げる。

14〜16を繰り返し、クレープを重ねていき、一番上はクレープにする。ラップをかぶせ、冷蔵庫で30分ほど冷やす。

18

ドロップクッキー2種

◎ オートミールクッキー　◎ ごまとクルミのクッキー

ドロップクッキーは、クッキー生地を手やスプーンで
天板に落として焼く手法のクッキーで、
型を使わないから手軽。ここではザクザクッとした食感の
オートミールと、香ばしいごま&クルミの2種を紹介します。

＊材料　各20個分

オートミールクッキー

生クリーム（乳脂肪分45〜47%）‥‥‥‥‥‥‥30ml
きび砂糖‥‥‥‥‥‥‥‥‥‥‥‥‥‥‥‥30g
塩‥‥‥‥‥‥‥‥‥‥‥‥‥‥‥‥ひとつまみ
米油‥‥‥‥‥‥‥‥‥‥‥‥‥‥‥‥‥50g
薄力粉‥‥‥‥‥‥‥‥‥‥‥‥‥‥‥110g
ベーキングパウダー‥‥‥‥‥‥‥‥小さじ½
オートミール‥‥‥‥‥‥‥‥‥‥‥‥‥50g
仕上げ用オートミール‥‥‥‥‥‥‥‥‥適量

ごまとクルミのクッキー

生クリーム（乳脂肪分45〜47%）‥‥‥‥‥‥‥30ml
きび砂糖‥‥‥‥‥‥‥‥‥‥‥‥‥‥‥‥30g
塩‥‥‥‥‥‥‥‥‥‥‥‥‥‥‥‥ひとつまみ
米油‥‥‥‥‥‥‥‥‥‥‥‥‥‥‥‥‥50g
薄力粉‥‥‥‥‥‥‥‥‥‥‥‥‥‥‥110g
ベーキングパウダー‥‥‥‥‥‥‥‥小さじ½
クルミ‥‥‥‥‥‥‥‥‥‥‥‥‥‥‥‥40g
黒ごま‥‥‥‥‥‥‥‥‥‥‥‥‥‥‥‥20g

下準備

- 天板にオーブンシートを敷く。
- オーブンは160℃に予熱する。

● オートミールクッキー

ボウルに生クリーム、きび砂糖、塩を入れて泡立て器でよく混ぜる。

米油を加えて、さらによく混ぜる。

薄力粉とベーキングパウダーを合わせてふるい入れ、ゴムベラで混ぜる。

オートミールを加えて混ぜ合わせる。

ひとまとめにする。これでクッキー生地のでき上がり。

20等分にして、天板に間隔をあけて並べる。

ひとつずつ指で押して少し平らにする。

仕上げ用オートミールを表面にふりかけ、160℃のオーブンで20〜25分焼く。

焼き上がり。ケーキクーラーにのせて冷ます。保存容器に入れる。

● ごまとクルミのクッキー

クルミは粗めに刻む。

オートミールクッキーの作り方**1**〜**3**を参照して生地を作り、クルミと黒ごまを加える。

ゴムベラで混ぜ合わせ、ひとまとめにする。

20等分にして、天板に間隔をあけて並べ、ひとつずつ指で押して少し平らにする。160℃のオーブンで20〜25分焼く。

焼き上がり。ケーキクーラーにのせて冷ます。保存容器に入れる。

ヨーグルトと合わせてもおいしい

グラノーラと同じような感覚で、手で砕いてプレーンヨーグルトに入れて食べるのもおすすめ。好みでバナナの輪切りも入れる。

スノーボール

フランスではブール・ド・ネージュ、スペインでは
ポルボローネなどと呼ばれる、「雪の玉」を意味する焼き菓子。
材料に卵は使わず、アーモンドパウダーの香ばしさと
ほろっと口の中でくずれるもろい食感が特徴です。

✳ 材料　30個分

薄力粉 ・・・・・・・・・・・・・・・・・・・・・・・・・・・・・・ 90g
粉糖 ・・・・・・・・・・・・・・・・・・・・・・・・・・・・・・・・ 15g
きび砂糖 ・・・・・・・・・・・・・・・・・・・・・・・・・・・・ 15g
塩 ・・・・・・・・・・・・・・・・・・・・・・・・・・・・・・ ひとつまみ
アーモンドパウダー ・・・・・・・・・・・・・・・・・・ 30g
バター（食塩不使用） ・・・・・・・・・・・・・・・・・ 50g
仕上げ用
　粉糖 ・・・・・・・・・・・・・・・・・・・・・・・・・・・・・・ 40g
　きび砂糖 ・・・・・・・・・・・・・・・・・・・・・・・・・・ 40g

下準備

• バターは1cm角に切って冷蔵庫で冷やす。
• 天板にオーブンシートを敷く。

フードプロセッサーに薄力粉、粉糖、きび砂糖、塩、アーモンドパウダーを入れ、バターを散らしてのせる。

攪拌し、サラサラになってから、さらにしっとりしてくるまで攪拌する。

台の上に取り出し、なめらかになるまで練り混ぜる。

ざっと長方形にひとまとめにし、カードで3等分に切り分ける。

転がしながら棒状にのばす。

カードでそれぞれ10等分に切り分け、両手のひらで丸める。残りも同様にして丸め、合計30個作る。

間隔をあけてバットに並べ、ラップをかぶせ、冷蔵庫で2時間以上冷やす。

焼く前にオーブンを160℃に予熱する。**7**の生地を天板に間隔をあけて並べ、160℃のオーブンで20分ほど焼く。

焼き上がったら、ケーキクーラーにのせて冷ます。

ボウルに仕上げ用の粉糖ときび砂糖を合わせてふるい入れる。

9のクッキーの半量をボウルに入れ、スプーンなどで表面にしっかりとまぶす。

スノーボールの名の通り、雪のように真っ白く仕上げる。半量ずつ行った方がまんべんなくきれいにつく。保存容器に入れる。

ほうじ茶風味にしても

仕上げ用の粉糖ときび砂糖にほうじ茶パウダー（またはほうじ茶の茶葉をミルで細かく挽いたもの）5gを混ぜ、クッキーにまぶす。抹茶でもOK。

アイスボックスクッキー3種

◎ 抹茶クッキー　◎ ナッツココアクッキー　◎ 渦巻きクッキー

アイスボックスクッキーは、冷蔵庫で冷やした生地を
端から同じ幅に切り、断面を上にして焼く手法のクッキー。
ここでは、抹茶味、ココア味、そして2色の生地を重ねて作る
渦巻き模様の3種を紹介。

❋材料　各25〜26枚分

抹茶クッキー

薄力粉	100 g
粉糖	30 g
塩	ひとつまみ
抹茶	3 g
バター(食塩不使用)	60 g
生クリーム(乳脂肪分45〜47%)	10ml
グラニュー糖	適量

ナッツココアクッキー

薄力粉	100 g
粉糖	30 g
塩	ひとつまみ
ココアパウダー	9 g
バター(食塩不使用)	60 g
生クリーム(乳脂肪分45〜47%)	10ml
ピスタチオ(ローストしたもの)	正味40 g

渦巻きクッキー

薄力粉	100 g
粉糖	30 g
塩	ひとつまみ
バター(食塩不使用)	60 g
生クリーム(乳脂肪分45〜47%)	10ml

プレーン生地用

｜ 薄力粉	5 g

ココア生地用

｜ ココアパウダー	5 g

下準備

- バターはすべて1cm角に切って冷蔵庫で冷やす。
- 抹茶クッキーの抹茶はふるう。
- ナッツココアクッキーのココアパウダーはふるい、ピスタチオは粗めに刻む。
- 天板にオーブンシートを敷く。

🔵 抹茶クッキー

フードプロセッサーに薄力粉、粉糖、塩、抹茶、バターを入れて攪拌する。

生クリームを加えてさらに攪拌する。

台の上に取り出して練り混ぜ、ひとまとめにし、そっと転がしながら棒状にのばしていく。

25〜26cm長さにのばし、まな板などをのせて転がし、形を整える。ラップで包み、バットなどにのせて冷蔵庫で2時間ほど冷やす。

オーブンを150℃に予熱する。生地を取り出してラップをはずし、全体にグラニュー糖をまぶす。

1cm幅に切り、断面を上にして天板に間隔をあけて並べる。

🔵 ナッツココアクッキー

150℃のオーブンで20分ほど焼く。焼き上がったら、ケーキクーラーにのせて冷ます。保存容器に入れる。

フードプロセッサーに薄力粉、粉糖、塩、ココアパウダー、バターを入れて攪拌し、生クリームを加えてさらに攪拌する。

台の上に取り出して練り混ぜ、ひとまとめにしたらピスタチオを加え、生地をたたんでギュッと押す、を数回繰り返す。

● 渦巻きクッキー

抹茶クッキーの作り方**4**と**6**を参照して天板に並べ、150℃のオーブンで22分ほど焼く。ケーキクーラーにのせて冷まし、保存容器に入れる。

フードプロセッサーに薄力粉、粉糖、塩、バターを入れて攪拌し、生クリームを加えてさらに攪拌し、練り混ぜてひとまとめにし、半分に切る。

ざっと手で押し広げ、ひとつには薄力粉をふるって加え、生地をたたんで練り混ぜる。

大きめのラップを敷いて生地をのせ、めん棒でざっとのばし、ラップに包んでめん棒で24×12cmの長方形にのばす。

もうひとつにはココアパウダーをふるって加え、生地をたたんで練り混ぜる。ラップに包んでめん棒で24×13cmの長方形にのばす。

ココア生地のラップをはずし、生地の手前が1cmはみ出すようにプレーン生地を重ね、手前のココア生地が芯になるように巻いていく。

ラップで支えながらくるくると巻き、ラップで包んで形を整える。バットなどにのせて冷蔵庫で1時間ほど冷やす。

オーブンを150℃に予熱する。生地を取り出してラップをはずし、1cm幅に切り、断面を上にして天板に間隔をあけて並べる。

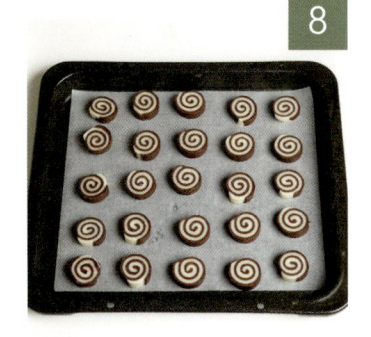

150℃のオーブンで22分ほど焼く。焼き上がったら、ケーキクーラーにのせて冷ます。保存容器に入れる。

型抜きクッキーサンド

型抜きクッキーは、生地を薄くのばし、
型で抜いて焼く手法のクッキー。ここでは花型で抜いて焼き上げ、
手作りのいちごバタークリームをサンドします。
p.112で紹介するキャラメルクリームをサンドしても。

＊材料　直径約4.5cmの花形12個分

クッキー生地（作りやすい分量・32枚分）

薄力粉 ・・・・・・・・・・・・・・・・・・・・・・・・	100 g
粉糖 ・・・・・・・・・・・・・・・・・・・・・・・・・	30 g
塩 ・・・・・・・・・・・・・・・・・・・・・	ひとつまみ
アーモンドパウダー ・・・・・・・・・・・	20 g
バター（食塩不使用） ・・・・・・・・・	60 g
卵黄 ・・・・・・・・・・・・・・・・・・・・・・・	1 個分

いちごバタークリーム

バター（食塩不使用） ・・・・・・・・・	80 g
いちご ・・・・・・・・・・・・・・・・	50 g（4〜5個）
グラニュー糖 ・・・・・・・・・・・・・	20 g
レモン果汁 ・・・・・・・・・・・・・・・・・	5 ml

下準備

- クッキー生地に使うバターは1cm角に切って冷蔵庫
  で冷やす。
- 天板にオーブンシートを敷く。天板の大きさによって
  2セット必要。

クッキーを作る。フードプロセッサーに薄力粉、粉糖、塩、アーモンドパウダー、バターを入れ、サラサラに細かくなるまで攪拌する。

卵黄を加え、粒状になってしっとりするまで混ぜる。

台の上に取り出し、手で練り混ぜ、なめらかになったらひとまとめにする。

めん棒で長方形にまとめ、ラップで包み、冷蔵庫で30分ほど冷やす。

4の生地のラップをはずし、表面に打ち粉（分量外）をし、ラップを敷いた台にのせ、めん棒で3mm厚さにのばす。

トレーなどにのせ、ラップをぴったりとかぶせ、冷蔵庫で2時間ほど冷やす。

台の上に**6**の生地を移し、型で抜く。

抜いたあとの生地はひとつにまとめ、同様にしてめん棒で3mm厚さにのばして型で抜く。オーブンを160℃に予熱する。

天板に抜いた生地を並べ、フォークで穴をあけ、160℃のオーブンで14〜16分焼く。焼き上がったら、ケーキクーラーにのせて冷ます。

いちごバタークリームを作る。ボウルにバターを入れて室温に戻す。いちごは洗ってヘタを取り、すりおろす。

小鍋に**10**のいちごを入れ、グラニュー糖、レモン果汁を加えて弱火にかける。

とろりとしてツヤが出るまで少し煮つめる。この段階で約50ｇ。容器に移してしっかりと冷ます。

室温に戻した**10**のバターをハンドミキサーの低速で混ぜ、軽くなってきたら**12**のいちごを2〜3回に分けて加え、その都度混ぜる。

いちごバタークリームのでき上がり。丸形口金をつけた絞り袋に入れる。

冷ましたクッキーを2枚1組にし、1枚の裏面に**14**のクリームを絞り出す。

もう1枚をかぶせて指で押してくっつけ、サンドにする。保存容器に入れ、食べるまで冷蔵庫で冷やす。

そのまま1枚ずつ食べてもOK

クッキーサンドに使わなかった分のクッキーは、もちろん、そのまま食べてもおいしい。

絞り出しクッキー

絞り出しクッキーは、クッキー生地を絞り袋に入れて
天板に絞り出し、そのまま焼く手法のクッキー。
ここではリング状に絞り出し、中心にドライフルーツや
ドレンチェリーなどをのせて、昭和レトロな仕上がりに。

✴ **材料　18～20個分**

生クリーム（乳脂肪分45～47%）	40ml
粉糖	30 g
塩	少々
米油	40 g
薄力粉	100 g
ドライフルーツ（ドライいちご）	適量
ドレンチェリー（緑色）	適量
レモンピール（市販）	適量

下準備

- 天板にオーブンシートを敷く。
- オーブンは160℃に予熱する。

ドライフルーツは洗って水気を拭き、刻む。ドレンチェリーは半分に切る。レモンピールは7mm角に切る。

ボウルに生クリーム、粉糖、塩を入れ、泡立て器でよく混ぜる。

米油を加え、なめらかになるまで混ぜる。

薄力粉をふるい入れる。

粉気がなくなってなめらかになるまでゴムベラで混ぜる。

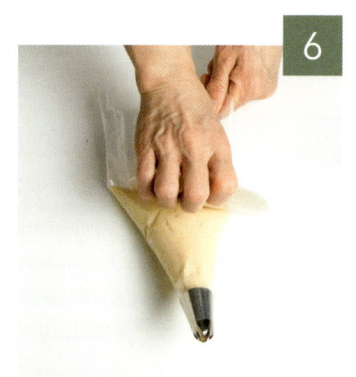

大きめの星形口金をつけた絞り袋に入れ、カードで空気を抜きながら詰める。

直径2.5cmほどの大きさになるように、1周半くるりと絞り出す。

中心にドライフルーツ、ドレンチェリー、レモンピールをのせる。

ドライフルーツ、ドレンチェリー、レモンピールの上に、指で水をぬる。

160℃のオーブンで、薄く焼き色が
つくまで18〜20分焼く。

焼き上がったらケーキクーラーにの
せて冷ます。保存容器に入れる。

チョコがけにしても
おいしい

チョコがけにするときは、
中心にドライフルーツなど
をのせずに焼き上げるのが
おすすめ。製菓用セミスイ
ートチョコレート（タブレ
ット）を湯せんまたはレン
ジ弱で温めて溶かし、クッ
キーの半量につけ、チョコ
レートがかたまるまでケー
キクーラーにのせて冷ます。

マドレーヌ

小さめのシェル型で作った可愛いサイズ。
はちみつ、きび砂糖、塩を入れてコクとうまみを出します。
生地を作って少し休ませてから焼くと、
真ん中がぷっくりとします。焼きたてアツアツもおいしい！

＊材料　4.5×4.5cmのマドレーヌ型16個分

卵 ・・ 1個
はちみつ（アカシアまたはみかん）・・・・・・・・・・・・ 30g
きび砂糖 ・・・・・・・・・・・・・・・・・・・・・・・・・・・・・・・・ 30g
塩 ・・・・・・・・・・・・・・・・・・・・・・・・・・・・・・・ ひとつまみ
薄力粉 ・・・・・・・・・・・・・・・・・・・・・・・・・・・・・・・・・ 60g
ベーキングパウダー ・・・・・・・・・・・・・・・・・・・ 小さじ¼
バター（食塩不使用）・・・・・・・・・・・・・・・・・・・・・ 60g

下準備

● 型に薄くバター（食塩不使用。分量外）をぬる。使う型によって1回で焼けない場合は2回に分けて焼く。

バターをボウルに入れ、湯せんで溶かし、冷めないようにそのままにする。

別のボウルに卵を入れて泡立て器でほぐし、はちみつを加えて混ぜる。

きび砂糖、塩を加えてよく混ぜる。

薄力粉とベーキングパウダーを合わせてふるい入れ、よく混ぜる。

溶かしておいたバターを加えてよく混ぜる。

ラップをかぶせ、冷蔵庫で30分ほど休ませる。

オーブンを180℃に予熱する。型に**6**の生地をスプーンで9分目まで流し入れる。

型を天板にのせ、180℃のオーブンで12分ほど焼く。

焼き上がったらすぐ、ケーキクーラーをかぶせて型をひっくり返し、マドレーヌを型からはずす。

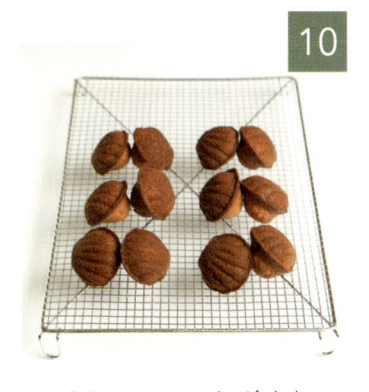

ケーキクーラーにのせて冷ます。

冷めたら、保存容器に入れる。しっとり感を楽しみたい場合は、冷める前に保存容器に入れる。

フィナンシェ

卵白とアーモンドパウダーの入った生地は
サクッと軽い食感。アーモンドの風味と
焦がしバターの香ばしさで、芳醇でリッチな味わい。
トッピングしたアーモンドスライスがアクセントです。

＊材料 6.6×3.5cmのフィナンシェ型8個分

卵白 ・・・・・・・・・・・・・・・・・・・・・・・・・・・・・・ 2個分
きび砂糖 ・・・・・・・・・・・・・・・・・・・・・・・・・・ 70g
塩 ・・・・・・・・・・・・・・・・・・・・・・・・・・・・・・ ひとつまみ
アーモンドパウダー ・・・・・・・・・・・・・・・・・ 60g
薄力粉 ・・・・・・・・・・・・・・・・・・・・・・・・・・・ 40g
ベーキングパウダー ・・・・・・・・・・・・・ 小さじ⅓
バター（食塩不使用） ・・・・・・・・・・・・・・・ 70g
仕上げ用
│アーモンドスライス ・・・・・・・・・・・・・・・・ 適量

下準備

● 型に薄くバター（食塩不使用。分量外）をぬる。

● オーブンは180℃に予熱する。

ボウルに卵白ときび砂糖、塩を入れ、泡立て器で混ぜる。

アーモンドパウダー、薄力粉、ベーキングパウダーを合わせてふるい入れる。

粉気がなくなるまで、泡立て器でぐるぐる混ぜる。

焦がしバターを作る。小鍋にバターを入れて弱火にかけ、小さめの泡立て器で混ぜながら溶かす。

バターが薄茶色になって、細かい泡が出てくるまで混ぜながら熱する。

すぐにボウルに移す。鍋の中に入れておくと余熱で熱が入り、色が変わってしまう。

3のボウルに焦がしバターを注ぎ入れる。

泡立て器でよく混ぜ、ゴムベラに替えてさらに混ぜ、キメを整える。

型にスプーンを使って9分目まで流し入れる。

10

アーモンドスライスをのせる。型を天板にのせ、180℃のオーブンで12分ほど焼く。

11

焼き上がったらすぐ、ケーキクーラーをかぶせて型をひっくり返し、フィナンシェを型からはずす。

12

ケーキクーラーにのせて冷ます。早く冷めるように、側面を下にして並べる。冷めたら保存容器に入れる。

トッピングを変えて楽しめます

アーモンドスライスの代わりに、刻んだピスタチオ、刻んだクルミ、ドライクランベリー、刻んだオレンジピールをのせる。トッピングが変わるだけで味わいも変わる。

ダックワーズ

メレンゲ入りの生地だからふんわりと軽く、
表面に粉糖をふって焼き上げるので、サクッとした食感も
楽しめるのが魅力。ここではキャラメルクリームを
サンドしますが、マーマレードやあんずジャムもよく合います。

✳ **材料　9個分**

ダックワーズ生地(18枚分)

卵白	80g（約2個分）
きび砂糖	30g
塩	少々
レモン果汁	少々
薄力粉	10g
アーモンドパウダー	60g
粉糖	25g

仕上げ用

粉糖	適量

キャラメルクリーム(作りやすい分量)

グラニュー糖	50g
水	10ml
生クリーム（乳脂肪分45〜47%）	40ml
バター（食塩不使用）	40g

下準備

● 天板にオーブンシートを敷く。オーブンシートは3つ
折りにし、さらに縦を4つ折りにして、折り目をつけ
ておく。天板の大きさによって2セット必要。
● オーブンは180℃に予熱する。

生地を作る。ボウルに卵白を入れ、きび砂糖、塩、レモン果汁を加え、ハンドミキサーの中速で角が立つまでしっかりと泡立てる。

薄力粉、アーモンドパウダー、粉糖を合わせてふるい入れ、切るようにしてゴムベラで混ぜる。

ボウルの周りの生地をゴムベラでぬぐってきれいにまとめる。

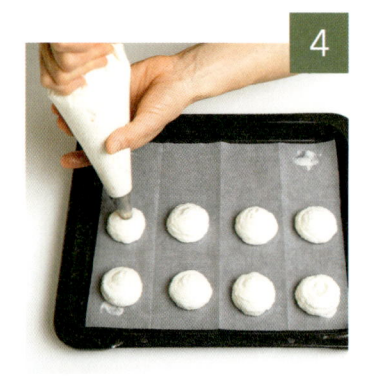

丸形口金をつけた絞り袋に入れる。少量を指に取って天板の四隅につけてオーブンシートをくっつけ、直径3.5cmになるように絞る。

表面に仕上げ用粉糖を茶漉しでふり、少しして、さらにもう一回粉糖を茶漉しでふる。180℃のオーブンで12分ほど焼く。

焼き上がったらオーブンシートごとケーキクーラーにのせて冷まし、冷めたらシートをはずす。

キャラメルクリームを作る。鍋にグラニュー糖と分量の水を入れ、ふたをして中火にかける。

沸騰して茶色く色づいたら、生クリームを3回に分けて加え、その都度ゴムベラで混ぜてなじませる。

キャラメル状になったら火を止め、容器に移して冷ます。

ボウルにバターを入れて室温に戻し、クリーム状になるまでハンドミキサーで混ぜ、冷ましたキャラメルを加える。

ムラなく混ぜてなめらかにする。丸形口金をつけた絞り袋に入れる。

冷ました生地を2枚1組にし、裏にした1枚にキャラメルクリームを絞り出す。

もう1枚をかぶせて指で押してくっつけ、サンドする。

保存容器に入れ、食べるまで冷蔵庫で冷やす。

ファーブルトン

カスタードクリームのようなリッチな味わいが魅力の
フランス・ブルターニュ地方のお菓子。
ちょっぴりラム酒を利かせ、プルーンを入れて仕上げます。
型に多めのバターをぬると、カリッと焼き上がります。

＊材料　18×8×高さ8cmのパウンド型1台分

薄力粉	65g
きび砂糖	50g
塩	ひとつまみ
牛乳	170ml
卵	1個
卵黄	1個分
生クリーム（乳脂肪分45〜47%）	160ml
ラム酒	小さじ2
バター（食塩不使用）	10g
プルーン（セミドライ）	5個

ボウルに薄力粉、きび砂糖、塩を合わせてふるい入れ、泡立て器で混ぜる。

半量の牛乳を加え、ダマがなくなるまで泡立て器で混ぜ、残りの牛乳を加えて混ぜ合わせる。

卵、卵黄を加えてよく混ぜる。

生クリームを加えてよく混ぜ、ラム酒を加えて混ぜる。

ラップをかぶせ、冷蔵庫で30分ほど休ませる。

プルーンは縦に包丁で切り込みを入れて種を取り除く。

型に半量のバターをしっかりと厚めにぬり、底にプルーンを貼りつけるようにしておく。オーブンを180℃に予熱する。

5の生地を流し入れる。

残りのバターを小さく切って散らし、天板にのせ、180℃のオーブンで30分ほど焼く。

焼き上がったら、型のままケーキクーラーにのせて粗熱を取る。

生地と型の間にパレットナイフを入れて側面をこそげる。

型をひっくり返し、ファーブルトンを型からはずす。ほんのり温かいうちに食べるのがおすすめ。

27

コブラー

旬のフルーツにビスケット生地やスコーン生地をのせて焼く、
アメリカの家庭菓子。春はいちご、初夏はブルーベリーやチェリー、
秋は洋なし、冬はりんご……と、いろいろと楽しめますが、
ここでは 3 つのフルーツをミックスして使います。

＊材料 　直径18×高さ 3 cmの耐熱容器 1 台分

生地

薄力粉 ・・・・・・・・・・・・・・・・・・・・・・・	100 g
ベーキングパウダー ・・・・・・・・・・・・・・	小さじ 1
きび砂糖 ・・・・・・・・・・・・・・・・・・・・・	10 g
塩 ・・・・・・・・・・・・・・・・・・・・・・・・・	ひとつまみ
バター(食塩不使用) ・・・・・・・・・・・・・・	25 g
生クリーム(乳脂肪分35〜36%) ・・・・・・・	70ml

フィリング

バナナ ・・・・・・・・・・・・・・・・・・・・・	2 本
いちごまたはラズベリー ・・・・・・・・・・・	50 g
ブルーベリー ・・・・・・・・・・・・・・・・・	50 g
グラニュー糖 ・・・・・・・・・・・・・・・・・	10 g
レモン果汁 ・・・・・・・・・・・・・・・・・・・	10ml
薄力粉 ・・・・・・・・・・・・・・・・・・・・・	小さじ 2

下準備

- いちごは洗ってヘタを取る。ブルーベリーは洗って水気を拭く。
- オーブンは200℃に予熱する。

フィリングを用意。バナナは皮をむいてひと口大に切り、いちごは縦半分に切る。ブルーベリーとともにボウルに入れ、グラニュー糖をふる。

レモン果汁を加えてゴムベラで混ぜ、薄力粉をふるい入れてあえる。

耐熱容器に薄くバター（食塩不使用。分量外）をぬる。

2のフルーツを入れ、表面をなるべく平らにする。

生地を作る。ボウルに薄力粉、ベーキングパウダー、きび砂糖、塩を合わせてふるい入れる。

バターを小さく切って加え、指でつぶしながら混ぜる。

手のひらですり合わせるようにして、おからのような状態にする。

生クリームを加え、ゴムベラで切るようにして混ぜる。

手でひとまとめにし、カードで8等分にする。

ひとつずつ丸めて平らにし、**4**のフルーツの上に並べる。

天板にのせ、200℃のオーブンで20分ほど焼く。

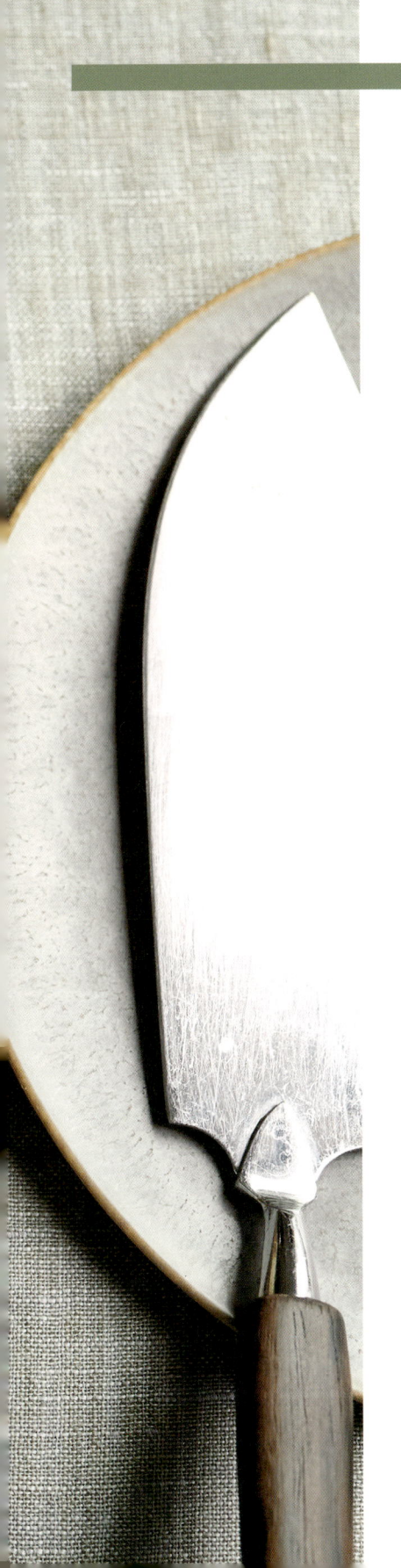

バナナケーキ

バナナの甘みにバターのコクとはちみつの香りが加わった、
こっくりとした味わいのバナナケーキです。
バナナは完熟のものを使い、フォークでつぶして
生地に入れるのがポイント。パウンド型で作るから手軽です。

✳ 材料 18×8×高さ6cmパウンド型1台分

バナナ（完熟）・・・・・・・・・・・・・・・・・・・・・・	1本（正味130g）
卵 ・・・・・・・・・・・・・・・・・・・・・・・・・・・・・・	1個
きび砂糖 ・・・・・・・・・・・・・・・・・・・・・・・・・	30g
はちみつ ・・・・・・・・・・・・・・・・・・・・・・・・・	10g
バター（食塩不使用）・・・・・・・・・・・・・・・	60g
強力粉 ・・・・・・・・・・・・・・・・・・・・・・・・・・・	100g
ベーキングパウダー ・・・・・・・・・・・・・・	小さじ½
塩 ・・・・・・・・・・・・・・・・・・・・・・・・・・・・・・	ひとつまみ
オートミール・・・・・・・・・・・・・・・・・・・・・	大さじ1

下準備

- バターは小さいボウルに入れ、湯せんで溶かし、冷めないようにそのままにする（→ p.12）。
- 型に薄くバター（食塩不使用。分量外）をぬる。
- オーブンは160℃に予熱する。

ボウルに卵を入れてハンドミキサーでほぐし、きび砂糖、はちみつを加える。

ハンドミキサーの高速で白っぽくなるまでよく泡立てる。

ボウルの周りの生地をゴムベラでぬぐってきれいにする。

別のボウルにバナナを半分に切って入れ、フォークで粒が少し残る程度につぶしていく。

食感を残す程度につぶす。変色を防ぐために、生地に加える直前につぶすようにする。

3のボウルにバナナを加える。

溶かしたバターを加え、ゴムベラでざっと混ぜる。

強力粉、ベーキングパウダー、塩を合わせてふるい入れる。

粉気がなくなるまで、ゴムベラで混ぜる。

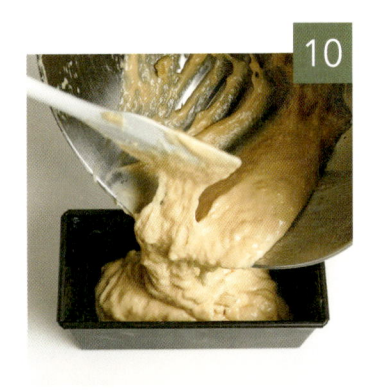

型に流し入れ、表面をならす。

全体にオートミールを散らす。

天板にのせ、160℃のオーブンで45分ほど焼く。

焼き上がったらすぐに型からはずし、ケーキクーラーにのせて冷ます。食べるときに、生クリーム（材料外）を6分立てにして添える。

スコーン

ヨーグルトを入れた生地は、ほのかな甘みと酸味があって
軽い味。さっくりとした食感に仕上げるコツは、
生地を練らないようにすること。
のばして折って、のばして折ってを繰り返して成形します。

＊材料　8個分

薄力粉	200g
ベーキングパウダー	小さじ1½
きび砂糖	20g
塩	ひとつまみ
バター（食塩不使用）	50g
プレーンヨーグルト	50g
牛乳	50ml

卵液
卵黄	½個分
牛乳	小さじ½

クロテッドクリームまたは
　サワークリーム＋生クリーム ………… 適量
いちごジャム（→ p.44） ……………… 適量

下準備

● バターは1cm角に切って冷蔵庫で冷やす。
● 天板にオーブンシートを敷く。

ボウルに薄力粉、ベーキングパウダー、きび砂糖、塩を合わせてふるい入れる。

バターを加え、指でつぶしながら混ぜる。

手のひらですり合わせるようにして、サラサラのおからのような状態にする。

ヨーグルト、牛乳を加え、ゴムベラで混ぜていく。

手でにぎってまとまるくらいになるまで混ぜ、手でひとまとめにする。

打ち粉（分量外）をした台の上に取り出し、生地にも打ち粉（分量外）をしてめん棒で楕円形にのばす。

カードを使ってひっくり返し、3つ折りにする。

生地の向きを変えて縦長におき、めん棒でのばす。

カードを使ってひっくり返し、3つ折りにする。

生地の向きを変えて縦長におき、めん棒でのばし、18×9cmくらいに整える。

ラップで包み、冷蔵庫で30分ほど冷やしながら休ませる。

オーブンを200℃に予熱する。**11**の生地のラップをはずし、包丁で8等分に切り、間隔をあけて天板にのせる。

卵液の材料を混ぜ合わせ、刷毛でぬる。200℃のオーブンで12分ほど焼く。

スコーンサンドもおすすめ

スコーンを横半分に切り、マロンクリーム（→p.76）と厚切りバターをサンドする。マロンクリームのほか、レモンカード（→p.64）をサンドしてもよい。

焼き上がったらケーキクーラーにのせて冷ます。食べるときにクロテッドクリーム、いちごジャムを添える。

チョコチップマフィン

チョコレートのざくっとした歯応えと
ビターな甘さが楽しめる、定番のマフィンです。
生地にヨーグルトを入れるとふんわり感が出て、
飽きのこないおいしさ。チョコレートは好みのものでOK。

✳材料　直径7.5×高さ4cmのプリン型6個分

製菓用セミスイートチョコレート（タブレット）	50g
バター（食塩不使用）	60g
きび砂糖	80g
卵	1個
薄力粉	120g
ベーキングパウダー	小さじ1
プレーンヨーグルト	60g

下準備
- バターは室温に戻す。
- 型に紙カップを敷く。
- オーブンは180℃に予熱する。

チョコレートは刻む。

ボウルにバターを入れてゴムベラで練る。

きび砂糖を加えてゴムベラでなじませる。

泡立て器に替えて、よく混ぜる。

卵を溶きほぐし、4回に分けて加え、その都度よく混ぜてなじませる。

薄力粉、ベーキングパウダーを合わせてふるい入れ、ヨーグルトを加える。

粉気がなくなるまでゴムベラで混ぜる。

1のチョコレートの半量を加えて混ぜる。

スプーンを使って、紙カップを敷いた型に⅙量ずつ入れる。

残りのチョコレートをのせる。

天板に並べ、180℃のオーブンで20分ほど焼く。

焼き上がったら、すぐに型からはずして冷ます。

**レモンカードを
トッピングしても**

クリーミーな味わいのレモンカード（→p.64）をトッピングすると、新しいおいしさに出会える。カスタードクリーム（→p.68）でも。

31

シンプルな焼き菓子

スイートポテト

秋においしそうなさつまいもを見かけたら、
ぜひ作りたいのがスイートポテト。ほんのりシナモン風味の生地を
星形口金で絞り出し、オーブンで香ばしく焼き上げます。
ナッツの食感がアクセント。上品な味わいです。

*材料　6個分

さつまいも ・・・・・・・・・・・・・・・・・・・ 大1本（約300 g ）
グラニュー糖 ・・・・・・・・・・・・・・・・・・・・・・・・・・・ 30 g
シナモンパウダー ・・・・・・・・・・・・・・・・・ 小さじ$\frac{1}{8}$
生クリーム（乳脂肪分35～36％）・・・・・・・・・ 50ml
卵黄 ・・・・・・・・・・・・・・・・・・・・・・・・・・・・・ 1個分
アーモンドスライス ・・・・・・・・・・・・・・・・・・ 適量

下準備
• 天板にオーブンシートを敷く。
• オーブンは180℃に予熱する。

さつまいもは皮をむき、2cm幅の半月切りにする。正味約200gになる。

鍋にさつまいもを入れ、たっぷりの水を入れて中火にかける。沸騰したら火を弱め、やわらかくなるまで15〜20分ゆでる。

火からおろし、さつまいもに箸を刺してみて、やわらかくなっていたら湯を捨てる。

3の鍋を弱火にかけ、軽く水分を飛ばす。

ボウルの上に目の細かい漉し器をのせ、木ベラなどを使って裏漉しする。

グラニュー糖とシナモンパウダーを加え、ゴムベラで混ぜる。

生クリームを加えて混ぜる。

卵黄を加え、ムラなく混ぜる。星形口金をつけた絞り袋に入れる。

8の生地の少量を指に取って天板の四隅につけてオーブンシートをくっつけ、3.5cm幅、10cm長さにぐるぐると絞り出す。

アーモンドスライスをのせる。

180℃のオーブンで15〜20分焼く。
アツアツでも冷めてもおいしい。

32

ざっくりドーナツ

ベーキングパウダーで膨らますタイプの、
ざっくりとした食感が特徴のリングドーナツです。
生地に豆乳を入れ、米油で揚げるから、軽めの仕上がり。
レモン風味のアイシングをかけてボリュームを出します。

＊材料　6個分

豆乳 ・・・80ml
きび砂糖 ・・・・・・・・・・・・・・・・・・・・・・・・・・・・・・・・・・・・30g
米油 ・・・20ml
薄力粉 ・・・・・・・・・・・・・・・・・・・・・・・・・・・・・・・・・・・・・120g
上新粉 ・・・・・・・・・・・・・・・・・・・・・・・・・・・・・・・・・・・・・・30g
ベーキングパウダー ・・・・・・・・・・・・・・・・・・・・小さじ1
揚げ油（米油）・・・・・・・・・・・・・・・・・・・・・・・・・・・・・適量
レモンアイシング
　粉糖 ・・・・・・・・・・・・・・・・・・・・・・・・・・・・・・・・・・・・・・60g
　レモン果汁 ・・・・・・・・・・・・・・・・・・・・・・・・・・・・・・・10ml

ボウルに豆乳、きび砂糖、米油を入れ、泡立て器で混ぜる。

薄力粉、上新粉、ベーキングパウダーを合わせてふるい入れる。

ゴムべらでよく練り混ぜる。

粉気がなくなったら、ボウルの周りの生地をゴムべらでぬぐってきれいにし、ひとまとめにする。

打ち粉(分量外)をした台の上にのせ、手で転がしてなめらかにし、丸める。

手のひらで押して平らにし、カードで6等分に切る。

ひと切れずつ丸め、丸めた生地の中心に親指を差し入れて穴をあけ、輪を広げる。

鍋に揚げ油を入れて中火で熱し、箸を入れてみて泡が出てきたら、**7**をそっと入れる。膨らんできたらひっくり返し、きつね色に揚げる。

網にのせて油をしっかりときる。

レモンアイシングを作る。ボウルに粉糖を入れ、レモン果汁を加える。

ゴムベラでよく混ぜて、とろりとさせる。

ドーナツの片面にスプーンなどを使ってレモンアイシングをぬり、アイシングがかたまるまで乾かす。

昔ドーナツ

ドライイーストで膨らました生地を型で抜いて
油でサクッと揚げた、ちょっぴり懐かしいドーナツです。
熱いうちにきび砂糖をふって完成。
揚げたてを頬張るのは、おうちならではの楽しみです。

❋材料　6個分

牛乳 ・・・・・・・・・・・・・・・・・・・・・・・・・・・・・・・・・・・・・	90ml
ドライイースト ・・・・・・・・・・・・・・・・・	3 g（1袋）
きび砂糖 ・・・・・・・・・・・・・・・・・・・・・・・・・・・・・	20 g
溶き卵 ・・・・・・・・・・・・・・・・・・・・・	40 g（約⅔個分）
薄力粉 ・・・・・・・・・・・・・・・・・・・・・・・・・・・・・・	200 g
バター（食塩不使用）・・・・・・・・・・・・・・・・	20 g
塩 ・・・・・・・・・・・・・・・・・・・・・・・・・・・・・・・・・・・・	1 g
揚げ油（米油）・・・・・・・・・・・・・・・・・・・・・・・・・	適量

仕上げ用

｜ きび砂糖・・・・・・・・・・・・・・・・・・・・・・・・・・	適量

下準備

- バターは小さいボウルに入れ、湯せんで溶かし、冷めないようにそのままにする（→ p.12）。
- オーブンシートを 8 cm角に切ったものを 7 枚用意する。

ボウルに牛乳を入れ、ドライイーストをふり入れ、泡立て器でよく混ぜて溶かす。

きび砂糖を加えて混ぜ、溶き卵を加えてさらに混ぜる。

薄力粉の半量をふるい入れ、なめらかになるまで混ぜる。

溶かしたバターを加えて混ぜる。

残りの薄力粉をふるい入れ、塩を加える。

粉気がなくなるまで、ゴムベラでしっかりと混ぜる。

ラップをかぶせ、室温で45分ほど休ませ、その後、冷蔵庫で15分ほど冷やす。

表面がつるっとしてふっくらしたら、冷蔵庫から取り出し、ラップをはずす。

打ち粉（分量外）をした台の上にのせ、生地の上からも打ち粉（分量外）をし、めん棒で2cm厚さにのばす。

直径6.5cmの抜き型で4個抜く。

残った生地はふたつに分けて丸め、丸めた生地の中心に親指を差し入れて穴をあけ、輪を広げる。それぞれオーブンシートにのせる。

10の生地の中心を直径2cmの抜き型で抜き、リング状にする。それぞれオーブンシートにのせる。抜いた部分もオーブンシートにのせる。

ふんわりとラップをかぶせ、15分ほどおく。生地にラップがつかないよう、プリン型などを四隅においてからラップをかぶせるといい。

鍋に揚げ油を入れて中火で熱し、箸を入れてみて泡が出てきたら、**13**を3個ずつ、オーブンシートごとそっと入れる。

表面がかたまってきたらオーブンシートを抜く。

ときどきひっくり返しながら、両面きつね色になるまで揚げる。抜いた部分も揚げる。

網にのせて油をしっかりときる。

まだ温かいうちに、きび砂糖をまぶす。たっぷりまぶすのがおすすめ。

ガトー・ショコラ

チョコレート生地にメレンゲを加えて焼き上げるから、
ふっくら、しっとり。
生地のおいしさがストレートに味わえるのが魅力です。
生クリームを添えていただくのがおすすめ。

＊材料 直径15cmの丸型（底取れタイプ）1 台分

バター（食塩不使用）‥‥‥‥‥‥‥‥‥‥‥‥90 g
製菓用セミスイートチョコレート（タブレット）‥ 180 g
メレンゲ
　卵白 ‥‥‥‥‥‥‥‥‥‥‥‥‥‥‥‥‥ 3個分
　グラニュー糖 ‥‥‥‥‥‥‥‥‥‥‥‥‥ 45 g
卵黄 ‥‥‥‥‥‥‥‥‥‥‥‥‥‥‥‥‥‥ 3個分
薄力粉 ‥‥‥‥‥‥‥‥‥‥‥‥‥‥‥‥‥ 30 g
仕上げ用
　粉糖 ‥‥‥‥‥‥‥‥‥‥‥‥‥‥‥‥‥ 適量
生クリーム（乳脂肪分45〜47%）‥‥‥‥‥‥ 適量

下準備

- 型にオーブンシートを敷く（→ p.11）。
- オーブンは160℃に予熱する。

バターを1cm角に切り、チョコレートとともにボウルに入れる。鍋に湯を沸かして火からおろし、その上にボウルをのせて湯気を当てて溶かす。

メレンゲを作る。ボウルに卵白を入れ、グラニュー糖を加える。

ハンドミキサーの中速で、角が立つまでしっかりと泡立てる。

1のチョコレートを混ぜてなめらかにし、卵黄を加えて泡立て器で混ぜる。

薄力粉をふるい入れ、よく混ぜる。

メレンゲの半量を加える。

泡立て器でなじませるように混ぜる。

残りのメレンゲを加える。

泡立て器でなじませるように混ぜ、ゴムベラに替え、混ぜ残しがないか確認しながらムラなく混ぜる。

型に流し入れ、表面をならす。

天板にのせ、160℃のオーブンで35分ほど焼く。

焼き上がったらすぐに、瓶などの上に型をおき、型を押し下げてはずす。

ケーキクーラーにのせて冷まし、オーブンシートをはずす。底もパレットナイフを差し入れてはずす。

器に盛り、粉糖を茶漉しでふる。食べるときに生クリームを6分立てにして添える。

フォンダン・ショコラ

焼きたてを半分に割ると温かいチョコレートがとろ〜り。
見た目は小さいですが、カカオの風味が濃厚で、
チョコ生地とガナッシュ、ふたつのおいしさが楽しめます。
余熱でどんどん火が入るので、焼けたらすぐに型をはずします。

＊材料 直径6×高さ5.8cmのプリン型3個分

ガナッシュ

生クリーム（乳脂肪分35〜36%）・・・・・・・・・・・・・	30ml
製菓用セミスイートチョコレート（タブレット）・・	40g

生地

バター（食塩不使用）・・・・・・・・・・・・・・・・・・・・	20g
製菓用セミスイートチョコレート（タブレット）・・	40g
卵 ・・・・・・・・・・・・・・・・・・・・・・・・・・・・	1個
グラニュー糖 ・・・・・・・・・・・・・・・・・・・・・・	15g
薄力粉・・・・・・・・・・・・・・・・・・・・・・・・・・	15g

ガナッシュを作る。小鍋に生クリームを入れて中火にかけ(コンロに網をのせて行うと温めやすい)、沸騰直前で火を止め、チョコレートを加える。

ゴムベラで混ぜてチョコレートを溶かす。

ボウルに入れ、粗熱が取れたらラップをかぶせ、冷蔵庫で1時間以上おいて冷やしかためる。

かたまったら、⅓量ずつスプーンですくう。

それぞれスプーン2本を使ってひとまとめにし、皿などにのせておく。

プリン型にバター適量(分量外)をぬる。オーブンを160℃に予熱する。

生地を作る。バターを1cm角に切り、チョコレートとともにボウルに入れる。鍋に湯を沸かして火からおろし、ボウルをのせて溶かす。

別のボウルに卵、グラニュー糖を入れ、ハンドミキサーの高速で泡立てる。

ふんわりとしたら、ハンドミキサーを低速にしてキメを整える。

薄力粉をふるい入れる。

粉気がなくなるまでゴムベラで混ぜる。

7のチョコレートをひと混ぜして**11**に加える。

ムラのないように、ゴムベラでしっかりと混ぜる。

生地の半量を、**6**の型に3等分に流し入れる。

5のガナッシュを入れる。

残りの生地を3等分に流し入れ、ガナッシュに覆いかぶせる。

天板に並べ、160℃のオーブンで9分ほど焼く。

焼き上がり。すぐに、器を型の上にのせ、逆さまにして型からはずす。焼きたてを食べる。

トリュフチョコレート2種

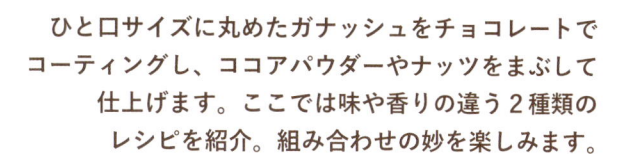

◉ 紅茶風味のココアトリュフ　◉ オレンジ風味のココナッツトリュフ

ひと口サイズに丸めたガナッシュをチョコレートで
コーティングし、ココアパウダーやナッツをまぶして
仕上げます。ここでは味や香りの違う2種類の
レシピを紹介。組み合わせの妙を楽しみます。

＊材料　各10個分

紅茶風味のココアトリュフ

製菓用セミスイートチョコレート(タブレット)‥80g
紅茶(アールグレイ)の茶葉‥‥‥‥‥‥‥‥‥‥5g
熱湯‥‥‥‥‥‥‥‥‥‥‥‥‥‥‥‥‥‥‥15ml
生クリーム(乳脂肪分35〜36%)‥‥‥‥‥‥‥80ml
バター(食塩不使用)‥‥‥‥‥‥‥‥‥‥‥‥10g
コーティング用
　製菓用セミスイートチョコレート(タブレット)‥50g
　製菓用ココアパウダー‥‥‥‥‥‥‥‥‥‥適量

オレンジ風味のココナッツトリュフ

製菓用セミスイートチョコレート(タブレット)‥80g
生クリーム(乳脂肪分35〜36%)‥‥‥‥‥‥‥60ml
バター(食塩不使用)‥‥‥‥‥‥‥‥‥‥‥‥10g
コアントロー‥‥‥‥‥‥‥‥‥‥‥‥‥‥小さじ1
コーティング用
　製菓用セミスイートチョコレート(タブレット)‥80g
　ココナッツファイン‥‥‥‥‥‥‥‥‥‥‥適量

下準備

●バターは1cm角に切って冷蔵庫で冷やす。

● 紅茶風味のココアトリュフ

容器に紅茶の茶葉を入れ、熱湯をかけて2分ほどおく。

小鍋に生クリームを入れて中火にかけ（コンロに網をのせて行うと温めやすい）、沸騰したら1を加えて1分ほど煮る。火を止めて2分おく。

耐熱ボウルにチョコレートを入れてラップをかぶせ、電子レンジ（300W）で約2分加熱し、ゴムベラで混ぜて半分ほど溶かす。

3に2を茶漉しで漉しながら加え、ゴムベラで混ぜてチョコレートとなじませる。

バターを加えて混ぜながら溶かす。

ラップをかぶせて冷蔵庫に入れ、3時間以上おいて冷やしかためる。

かたまったら、パレットナイフで10等分になるように筋を入れる。

スプーンでひと切れずつ切り分けてバットなどに並べる。

ひとつずつラップにのせて丸くキュッと包み、形を整え、ラップをはずす。冷蔵庫で30分ほどおいて冷やしかためる。

耐熱ボウルにコーティング用チョコレートを入れてラップをかぶせ、電子レンジ（300W）で約2分加熱し、ゴムベラで混ぜる。

9のチョコレートをひとつずつフォークにのせて**10**にくぐらせる。

バットにふるっておいたココアパウダーの上に移動させ、スプーンを使って静かにおく。

● オレンジ風味のココナッツトリュフ

フォークでやさしく転がしながら、ココアパウダーをたっぷりとまぶす。

耐熱ボウルにチョコレートを入れてラップをかぶせ、電子レンジ（300W）で約2分加熱し、ゴムベラで混ぜて半分ほど溶かす。

小鍋に生クリームを入れて中火にかけ（コンロに網をのせて行うと温めやすい）、沸騰直前まで温める。

1に**2**を加え、ゴムベラで混ぜてチョコレートとなじませる。

バターを加えて混ぜながら溶かし、コアントローを加えて混ぜる。ラップをかぶせて冷蔵庫に入れ、3時間以上おいて冷やしかためる。

ココアトリュフの作り方**7〜9**を参照して再び冷やしかため、**10〜13**を参照してチョコレートにくぐらせ、ココナッツファインをまぶす。

37

オランジェット2種

● 甘夏のオランジェット　● レモンのオランジェット

オランジェットは、オレンジピールをチョコレートで包んだ
フランス生まれのお菓子。
オレンジで作るのが基本ですが、ここではレモンバージョンも紹介。
どちらもピールの状態で作りおきOK、冷蔵庫で3ヶ月ほど保存できます。

＊材料　各10〜12本分

甘夏のオランジェット

甘夏ピール（作りやすい分量）

甘夏（皮のみ使用）・・・・・・・・・・・・・ 1個（皮のみ75g）
グラニュー糖 ・・・・・・・・・・・・・ 皮の1.5倍（約110g）
製菓用セミスイートチョコレート（タブレット）‥80g

レモンのオランジェット

レモンピール（作りやすい分量）

レモン（国産。皮のみ使用）・・・・・・・・ 2個（皮のみ75g）
グラニュー糖 ・・・・・・・・・・・・・ 皮の1.5倍（約110g）
製菓用ミルクチョコレート（タブレット）・・・・・・・80g

下準備
• 甘夏、レモンはともによく洗い、水気を拭く。

● 甘夏のオランジェット

甘夏ピールを作る。甘夏は上下を切り落として8等分のくし形に切り、包丁で実をそぐ。皮を3等分の棒状に切り、白い部分をきれいにそぐ。

1の皮を鍋に入れて重量をはかる。ここでは約75g。グラニュー糖を皮の重量の1.5倍(110g)用意する。

2の鍋にたっぷりの水を加えて中火にかけ、10分ほどゆで、ザルにあける。皮を鍋に戻し、同様にしてゆで、もう1回ザルにあける。

2回ゆでこぼしたら、再び鍋に戻し入れ、新たにたっぷりの水を加えて中火にかけ、皮がやわらかくなるまで弱火で1時間を目安にゆでる。

ザルにあける。

鍋に戻し、水をひたひたに加え、中火で温める。

火からおろし、グラニュー糖の¼量を入れて混ぜる。

オーブンシートで落としぶたをし、そのままひと晩おく。

8を火にかけ、沸騰したら火からおろして残りのグラニュー糖の⅓量を入れる。ひと混ぜし、オーブンシートで落としぶたをし、ひと晩おく。

9 をもう1回繰り返す。最後のグラニュー糖を加えてひと晩おいたら、皮に透明感が出るまで弱火で10分ほど煮る。

しっかり冷めてから保存容器に入れ、空気にふれないようにオーブンシートをかぶせてふたをする。冷蔵庫で保存。

オランジェットを作る。甘夏ピールの水分を拭き取り、ケーキクーラーの上に敷いたオーブンシートに並べて1時間ほど乾かす。

耐熱ボウルにチョコレートを入れ、ラップをかぶせて電子レンジ(300W)で約2分加熱し、半分ほど溶けたらあとはゴムベラで混ぜて溶かす。

12のピールを1本ずつ指でつまんでチョコレートにくぐらせ、ボウルの縁で余分なチョコレートを取り除く。

オーブンシートを敷いたバットに並べ、室温(かたまりにくいときは冷蔵庫)で冷やしかためる。

● レモンのオランジェット

レモンピールを作る。レモンは上下を切り落として8等分のくし形に切り、包丁で実をそぐ。半分の細さに切り、白い部分をきれいにそぐ。

甘夏のオランジェットの作り方**2**〜**11**を参照して冷蔵庫で保存する。作り方**12**〜**14**を参照してピールを乾かし、チョコレートにくぐらせる。

オーブンシートを敷いたバットに並べ、室温(かたまりにくいときは冷蔵庫)で冷やしかためる。

パヴェ・ド・ショコラ 2 種

◉ レモンミルク　　◉ ラム酒入りセミスイート

パヴェとはフランス語で石畳のこと。
四角くきれいに仕上げる「生チョコレート」です。
なんといっても口溶けがよいのが魅力。ここでは
レモン入り、ラム酒入りの 2 種を紹介。思いのほか簡単です。

＊材料　各35個分

レモンミルク

製菓用ミルクチョコレート(タブレット)・・・・・・・90 g
レモン(国産)の皮・・・・・・・・・・・・・・・・・・・・・・・・½個分
生クリーム(乳脂肪分35〜36%)・・・・・・・・・・・・・50ml
はちみつ・・・・・・・・・・・・・・・・・・・・・・・・・・・・・・・5 g
バター(食塩不使用)・・・・・・・・・・・・・・・・・・・・・・10 g
製菓用ココアパウダー・・・・・・・・・・・・・・・・・・・・適量

ラム酒入りセミスイート

製菓用セミスイートチョコレート(タブレット)・80 g
生クリーム(乳脂肪分35〜36%)・・・・・・・・・・・・・60ml
はちみつ・・・・・・・・・・・・・・・・・・・・・・・・・・・・・10 g
バター(食塩不使用)・・・・・・・・・・・・・・・・・・・・・・10 g
ラム酒・・・・・・・・・・・・・・・・・・・・・・・・・・・・・小さじ1
粉糖・・・・・・・・・・・・・・・・・・・・・・・・・・・・・・・・・適量

下準備

• バターは1cm角に切って冷蔵庫で冷やす。
• 14×11cm の流し缶(またはバット)の底面と側面に
　オーブンシートを敷く(→ p.11)。

● レモンミルク

レモンはよく洗って水気を拭き、½個分の皮をすりおろす。

小鍋に生クリーム、はちみつ、レモンの皮を入れて中火にかけ(コンロに網をのせて行うと温めやすい)、沸騰直前で火を止めてよく混ぜる。

耐熱ボウルにチョコレートを入れ、ラップをかぶせて電子レンジ(300W)で約2分加熱し、ゴムベラで混ぜて溶かす。

2を**3**のボウルに加え、ゴムベラで混ぜてチョコレートとなじませる。

バターを加えて混ぜながら溶かし、なめらかにする。

流し缶に流し入れ、表面をならす。

粗熱が取れたらラップをかぶせ、冷蔵庫で6時間以上冷やす。

かたまったら冷蔵庫から出す。オーブンシートを流し缶よりひと回り大きめに切ったものを1枚用意する。

流し缶から出し、**8**のオーブンシートをのせてひっくり返し、上になったオーブンシートをはがす。

10 包丁で2cm幅に切り目を入れる。同じサイズに揃えたいので、定規をおいて行う。

11 縦長の容器に湯を入れてそばにおき、切る都度に包丁を湯で温め、キッチンペーパーで水気を拭き取り、順次切っていく。

12 チョコレートの向きを90度変え、包丁で約2cm幅に切り目を入れる。

13 切り目に沿ってチョコレートを切り分ける。

14 バットにココアパウダーをたっぷりとふるい入れ、**13**をパレットナイフで適量ずつ入れ、フォークでココアパウダーをまぶす。

● ラム酒入りセミスイート

1 レモンミルクの作り方**2〜5**を参照してチョコレートをなめらかにする。

2 ラム酒を加えて混ぜる。

3 流し缶に流し入れて表面をならし、粗熱が取れたらラップをかぶせ、冷蔵庫で6時間以上冷やす。

4 レモンミルクの作り方**8〜13**を参照してチョコレートを切り分け、フォークで粉糖をたっぷりとまぶす。

チョコエクレア

細長くパリッと焼いたシュー生地に
チョコカスタードクリームをはさみ、
チョコレートでコーティングして仕上げます。
チョコ好きにはたまらないシュー菓子です。

＊材料　約10cm長さのもの6個分

シュー生地

水	25ml
牛乳	25ml
グラニュー糖	3g
塩	0.5g
バター（食塩不使用）	25g
薄力粉	30g
卵	1個

チョコカスタードクリーム

卵黄	2個分
バニラビーンズ	3cm
グラニュー糖	30g
薄力粉	14g
牛乳	200ml
製菓用セミスイートチョコレート（タブレット）	30g

コーティング用

製菓用セミスイートチョコレート（タブレット）	60g
米油	10g

下準備

● シュー生地に使う薄力粉はふるう。

● バターは1〜2cm角に切る。

● バニラビーンズはさやに切り込みを入れ、指で種をしごき出し、グラニュー糖に加えて混ぜる。

● 天板にオーブンシートを敷く。

● オーブンは180℃に予熱する。

シュー生地を作る。鍋に分量の水、牛乳、グラニュー糖、塩、バターを入れて中火にかける。

しっかりと沸騰したら火を止め、ふるった薄力粉を一度に入れてしっかりと練り混ぜる。

再び中火にかけ、混ぜながら火を通し、鍋底に膜が張ってきたらすぐに火からおろす。ボウルに移す。

卵を小さいボウルに入れて泡立て器で割りほぐし、¼量を **3** のボウルに加え、ゴムベラで卵を生地にしみ込ませるように一方向に混ぜる。

残りの卵を3回に分けて加え、同様に混ぜる。ゴムベラで持ち上げたとき、三角形にたれ下がってからゆっくり落ちるくらいのかたさにする。

丸形口金をつけた絞り袋に入れ、天板の上に約9cm長さの棒状に6本絞り出す。

1本ずつ、フォークに水(分量外)をつけて表面に筋を入れる。180℃のオーブンで20分ほど焼き、160℃に下げて15分焼く。

焼き上がったらケーキクーラーにのせて冷ます。

チョコカスタードクリームを作る。ボウルに卵黄を入れて泡立て器で混ぜ、バニラ入りのグラニュー糖を半量加えてよく混ぜる。

薄力粉をふるい入れ、泡立て器でしっかりと混ぜる。

鍋に牛乳、残りのバニラ入りグラニュー糖を入れて弱火にかけ、混ぜながら湯気が出るまで温める。**10**に3回に分けて加え、よく混ぜる。

万能漉し器で漉しながら鍋に戻す。

泡立て器でしっかりと混ぜながら火を通し、とろみがついてなめらかになってきたらゴムベラに替え、焦げないように火を通す。

フツフツと沸騰してとろとろになるまでしっかりと煮たら、チョコレートを加え、混ぜながらムラなく溶かし、なめらかにする。

ボウルなどに移し、表面にぴったりとラップを張って乾かないようにする。ボウルの底を氷水で冷やして急冷し、その後冷蔵庫で冷やす。

コーティング用チョコレートを耐熱ボウルに入れてラップをかぶせ、電子レンジ（300W）で約2分加熱。溶けたら米油を加えて混ぜる。

シューを逆さまにしてチョコレートをつける。届かない部分はスプーンでつける。バットに並べ、冷蔵庫で20分ほどおいて冷やしかためる。

シューの厚さを半分に切り、**15**のクリームを丸形口金をつけた絞り袋入れ、くるくると絞り出し、元の形に戻す。冷蔵庫で15分ほどおく。

カスタードプリン

ていねいに作ったオーソドックスなプリンのおいしさは格別。
プリン液が温かいうちに型に流し入れ、低温のオーブンで
湯せん焼きにすると、なめらかにでき上がります。
カラメルソースはしっかり焦がして香ばしく仕上げます。

＊材料　直径7.5×高さ４cmのプリン型５個分

プリン生地

牛乳	350ml
きび砂糖	65g
バニラビーンズ	3cm
卵	3個
卵黄	1個分

カラメルソース

グラニュー糖	40g
水	小さじ1
湯	大さじ1

生クリーム（乳脂肪分45〜47％）・・・・・・50ml
きび砂糖・・・・・・5g

下準備

- 卵、卵黄、牛乳は室温に戻す。
- バニラビーンズはさやに切り込みを入れ、指で種をしごき出し、きび砂糖に加えて混ぜる。
- 型にバター（食塩不使用。材料外）を薄くぬり、バットに並べる。
- オーブンは140℃に予熱する。

カラメルソースを作る。鍋にグラニュー糖と分量の水を入れ、ふたをして弱火にかける。

グラニュー糖が溶けて茶色くなってきたらふたを取り、鍋を揺らしてカラメル色にする。火を止め、湯を3回に分けてそっと加えてなじませる。

ゴムベラでムラなく混ぜ合わせる。

熱いうちに、プリン型に等分に入れる。ゴムベラできれいにぬぐいながら残さずに入れる。

プリン生地を作る。4の鍋に牛乳を入れ、バニラ入りのきび砂糖を半量加えてよく混ぜる。

5を弱火にかけ、ゴムベラで混ぜながら湯気が出るくらいまで温める。

ボウルに卵、卵黄を入れて泡立て器で混ぜ、残りのバニラ入りきび砂糖を加えて混ぜる。

6を3回に分けて加え、その都度よく混ぜる。

万能漉し器で漉す。

熱いうちに、**4**の型に等分に流し入れる。

バットごと天板にのせ、バットに湯を1.5cm深さまで注ぎ入れる。140℃のオーブンで20分ほど焼く。

型を取り出して別のバットに並べ、粗熱が取れたらラップをかぶせ、冷蔵庫でしっかりと冷やす。

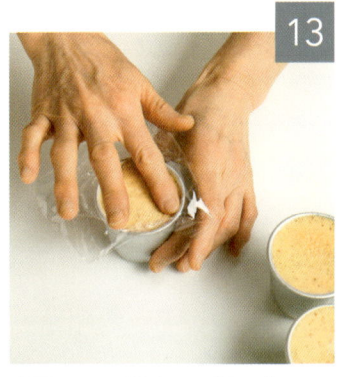

表面にラップを当てて指でプリンの縁を押さえ、型についた表面の膜をはがす。

型の底を湯につけて温め、プリンを取り出しやすくする。

プリンと型の間にパレットナイフを差し込んで空気を入れ、器を当ててひっくり返し、型からはずす。

ボウルに生クリームときび砂糖を入れて8分立てにし、星形口金をつけた絞り袋に入れ、プリンの上に絞り出す。

かぼちゃプリン

ホクホクに蒸した甘いかぼちゃを使った
素朴な味わいのプリン。大きめの耐熱容器で作って
ケーキのように切り分けていただきます。好みで
泡立てた生クリームを添えてシナモンパウダーをふっても。

＊**材料**　17×11×高さ6cmの耐熱容器1台分

プリン生地

かぼちゃ ・・・・・・・・・・・・・・・・・・・・・・・・・	約400g
牛乳 ・・・・・・・・・・・・・・・・・・・・・・・・・・・・・	300ml
きび砂糖・・・・・・・・・・・・・・・・・・・・・・・・・・	45g
卵 ・・・・・・・・・・・・・・・・・・・・・・・・・・・・・・・	3個

カラメルソース

グラニュー糖 ・・・・・・・・・・・・・・・・・・・・・	40g
水 ・・・・・・・・・・・・・・・・・・・・・・・・・・・・・・・	小さじ1
湯 ・・・・・・・・・・・・・・・・・・・・・・・・・・・・・・・	大さじ1

下準備

● 耐熱容器に薄くバター(食塩不使用。材料外)をぬる。

● オーブンは140℃に予熱する。

カラメルソースを作る。鍋にグラニュー糖と分量の水を入れ、ふたをして弱火にかける。

グラニュー糖が溶けて茶色くなってきたらふたを取り、鍋を揺らしてカラメル色にする。火を止め、湯を3回に分けてそっと加え、なじませる。

ゴムベラでムラなく混ぜ合わせ、熱いうちに容器に流し入れる。ゴムベラできれいにぬぐいながら残さずに入れる。

プリン生地を作る。かぼちゃは種とワタを取って4cm角に切り、蒸し器で蒸し、皮をむく。約200gにする。

ハンドブレンダー付属の計量カップなどに4を入れ、半量の牛乳、きび砂糖を加える。

ハンドブレンダーでなめらかになるまで攪拌する。

鍋に移し、残りの牛乳を入れて弱火にかけ、ゴムベラで混ぜながら湯気が出るくらいまで温める。

ボウルに卵を割り入れて泡立て器でほぐし混ぜる。

7を2〜3回に分けて加え、その都度泡立て器で混ぜる。

万能漉し器で漉しながら、**3**の容器に流し入れる。

バットにのせ、バットごと天板にのせ、バットに湯を1.5cm深さまで注ぎ入れる。140℃のオーブンで35～40分焼く。

容器を取り出してケーキクーラーにのせて粗熱を取り、ラップをかぶせ、冷蔵庫で5時間ほどかけてしっかりと冷やす。

表面にラップを当てて指でプリンの縁を押さえ、容器についた表面の膜をはがす。

容器の底を湯につけて温め、プリンを取り出しやすくする。湯をはずし、プリンと型の間にパレットナイフを差し込んで空気を入れる。

器を上に当ててひっくり返し、型からはずす。切り分けて器に盛り、泡立てた生クリーム(材料外)を添え、シナモンパウダー(材料外)をふる。

コーヒーゼリー

濃いめに淹れたコーヒーにきび砂糖を加えてゼリーに。
型を使わずグラスでかためるタイプなので、
ゼラチンの量はやや少なめにし、口当たりよく仕上げます。
ゼリーに甘みがあるので、上にのせるクリームは甘さ控えめ。

✳ 材料　100ml容量のグラス4個分

コーヒーゼリー

コーヒー豆（好みのもの）‥‥‥‥‥‥‥‥‥‥	40g
熱湯‥‥‥‥‥‥‥‥‥‥‥‥‥‥‥‥‥‥‥	420ml
粉ゼラチン‥‥‥‥‥‥‥‥‥‥‥‥‥‥‥‥	5g
水‥‥‥‥‥‥‥‥‥‥‥‥‥‥‥‥‥‥‥‥	大さじ1
きび砂糖‥‥‥‥‥‥‥‥‥‥‥‥‥‥‥‥‥	40g

生クリーム（乳脂肪分45〜47%）‥‥‥‥‥‥ 40ml
メープルシロップ‥‥‥‥‥‥‥‥‥‥‥ 小さじ1

下準備

● 粉ゼラチンは分量の水にふり入れてふやかす（→p.12）。

コーヒー豆を挽き、熱湯を注いでコーヒーを抽出する。

1をボウルに入れ、ふやかしたゼラチンを加えて溶かす。

きび砂糖を加える。

泡が立たないようにゴムベラでよく混ぜる。

ボウルの底を氷水に当てて急冷する。

グラスに等分に注ぎ入れ、バットなどにのせてラップをかぶせ、冷蔵庫で3時間以上おいて冷やしかためる。

別のボウルに生クリームを入れ、メープルシロップを加え、ボウルの底を氷水に当てながらハンドミキサーで6分立てにする。

食べる直前に、**7**のクリームをスプーンなどでコーヒーゼリーの上にのせる。

手みやげにもおすすめ

手みやげにするときは、ふたつきのプラスチック容器に流し入れてかため、ふたをする。メープル風味のクリームは別容器に入れて添えて。保冷剤も入れる。

メープルクリームをのせるだけでもOK

生クリーム（乳脂肪分45〜47%）40mlにメープルシロップ大さじ1を混ぜてメープルクリームを作り、コーヒーゼリーにかけても。

フルーツゼリー2種

◉ グレープフルーツゼリー　◉ すいかゼリー

フレッシュなフルーツで作る果汁100%のゼリーは、
ぷるんとした口当たりで後味もすっきり。
2種ともに、さくらんぼのお酒、キルシュ酒を加えて
華やかな風味をプラスし、奥行きのある味に仕上げます。

✳ **材料**　70ml容量のゼリー型各6個分

グレープフルーツゼリー

グレープフルーツ	1個(正味250g)
水	180mlくらい(果汁の量により加減)
グラニュー糖	40g
キルシュ酒	5ml
粉ゼラチン	5g
レモン果汁	5ml

すいかゼリー

小玉すいか	¼個くらい(皮つきで250g)
水	80mlくらい(果汁の量により加減)
グラニュー糖	40g
キルシュ酒	5ml
粉ゼラチン	5g
レモン果汁	5ml

下準備

● グレープフルーツゼリー、すいかゼリーともに、粉ゼ
ラチンは水15ml(分量外)にふり入れてふやかす
(→ p.12)。

● グレープフルーツゼリー

グレープフルーツは皮をむき、1房ずつにし、バットの上で白いワタの部分ごと薄皮をむく。

実は食べやすい大きさにほぐし、ゼリー型に等分に入れる。

バットに残った果汁、薄皮に残った果汁を合わせてはかる（ここでは50ml）。

果汁と水を合わせて230mlにしたいので、水の量は180mlとなる。180mlの水を鍋に入れ、グラニュー糖を加えて中火にかける。

沸騰してグラニュー糖が溶けたら火からおろし、キルシュ酒を加えてゴムベラで混ぜる。

ふやかしたゼラチンを加え、混ぜながら溶かす。

レモン果汁、**3**の果汁を加えて混ぜ合わせる。

バットに**2**の型を並べ入れ、**7**を流し入れる。

ラップをかぶせ、冷蔵庫で3時間以上おいて冷やしかためる。

◉ すいかゼリー

10

型の底を湯につけて温め、ゼリーと型の間を指で軽く押して空気を入れ、器を当ててひっくり返し、型からはずす。ハーブ（材料外）を飾る。

1

すいかはくり抜き器でくり抜き、18粒用意し、ゼリー型に3粒ずつ入れる。

2

残りは皮の部分を除いて万能漉し器に入れ、ゴムベラで漉す。

3

2の果汁をはかる（ここでは150ml）。

4

果汁と水を合わせて230mlにしたいので、水の量は80mlとなる。80mlの水を鍋に入れ、グラニュー糖を加えて中火にかける。

5

グレープフルーツゼリーの作り方**5**〜**9**を参照して冷やしかためる。**10**を参照して器に盛り、好みのハーブ（材料外）を飾る。

バニラのババロア

卵黄、グラニュー糖、生クリームをゼラチンでかためた、
シンプルなババロア。バニラビーンズを入れると
卵の味やバニラの風味がしっかりと感じられます。
ここではオレンジのマリネを添えて華やかに仕上げます。

✳ 材料　90ml容量のゼリー型 6 個分

ババロア生地

牛乳 ・・・・・・・・・・・・・・・・・・・・・・・・・・・ 200ml
卵黄 ・・・・・・・・・・・・・・・・・・・・・・・・・・・ 2 個分
グラニュー糖 ・・・・・・・・・・・・・・・・・・・・ 50 g
バニラビーンズ ・・・・・・・・・・・・・・・・ 3 〜 4 cm
粉ゼラチン ・・・・・・・・・・・・・・・・・・・・・・ 5 g
水 ・・・・・・・・・・・・・・・・・・・・・・・・・・・・・ 15ml
生クリーム（乳脂肪分35〜36%）・・・・・・・・・・ 100ml

オレンジのマリネ（作りやすい分量）

ブラッドオレンジまたはオレンジ ・・・・・・・・ 2 個
ミントの葉 ・・・・・・・・・・・・・・・・・・・・・・ 10枚
はちみつ ・・・・・・・・・・・・・・・・・・・・・・ 小さじ 1

下準備

• 粉ゼラチンは分量の水にふり入れてふやかす（→p.12）。
• バニラビーンズはさやに切り込みを入れ、指で種をし
　ごき出し、グラニュー糖に加えて混ぜる（→ p.12）。
• 生クリームは使うまで冷蔵庫でよく冷やす。

鍋に牛乳と卵黄を入れて泡立て器でムラなく混ぜる。

バニラ入りのグラニュー糖を加え、泡立て器でさらに混ぜる。

弱火にかけ、泡立て器で混ぜてグラニュー糖を完全に溶かし、ゴムベラに替えて、とろみがついて湯気がほのかに出るまで混ぜながら温める。

火からおろし、ふやかしたゼラチンを加え、混ぜながら溶かす。

万能漉し器で漉してボウルに移す。

ボウルの底を氷水に当て、ゆるやかなとろみがつくまでゴムベラで混ぜてしっかりと冷やす。

別のボウルに生クリームを入れ、ボウルの底に氷水を当て、ハンドミキサーの中速で6分立てにする。

7の生クリームをゴムベラで残さず6のボウルに加える。

泡立て器でムラなく混ぜてなめらかにする。

ゼリー型に等分に入れる。

バットなどにのせてラップをかぶせ、冷蔵庫で3時間以上冷やしかためる。

オレンジのマリネを作る。オレンジは上下を切り落とし、皮をむく。ボウルの上で、実と薄皮の間に切り込みを入れ、実だけを切り取る。

12のボウルにミントの葉をちぎって加え、はちみつをかけ、さっとあえて味をなじませる。

11のババロアの型の底を湯につけて温める。

ババロアと型の間を指で軽く押して空気を入れ、器を当ててひっくり返し、型からはずす。オレンジのマリネを添える。

いちごのムース

ムースはフランス語で「泡」という意味があり、
ふわっとクリーミーでなめらかな口当たりが特徴。
ここではフレッシュないちごをたっぷりと使い、
キルシュ酒を入れて味に膨らみをつけます。

✳ 材料　200ml容量のグラス6個分

ムース生地

いちご・・・・・・・・・・・・・・・・・・・・・・・・・・・・・・・・	300 g
水・・・・・・・・・・・・・・・・・・・・・・・・・・・・・・・・・・・・・・	45ml
キルシュ酒・・・・・・・・・・・・・・・・・・・・・・・・・・	5 ml
粉ゼラチン・・・・・・・・・・・・・・・・・・・・・・・・・・	5 g
グラニュー糖・・・・・・・・・・・・・・・・・・・・・・・	90 g
生クリーム(乳脂肪分35〜36%)・・・・・・・・・	150ml

生クリーム(乳脂肪分35〜36%)・・・・・・・・・50ml
グラニュー糖・・・・・・・・・・・・・・・・・・・・・・・・・・・・・・ 5 g
いちご・・・・・・・・・・・・・・・・・・・・・・・・・・・・・・・・・・・・・・ 適量

下準備

● 粉ゼラチンは水15ml(分量外)にふり入れてふやかす
（→ p.12）。

ムース生地を作る。いちごは洗ってヘタを取り、水気を拭き、ハンドブレンダー付属の計量カップなどに入れる。

ハンドブレンダーでなめらかなピュレ状になるまで攪拌する。

ボウルに生クリームを入れ、ボウルの底に氷水を当て、ハンドミキサーの中速で8分立てにする。

鍋に分量の水、キルシュ酒を入れて弱火にかけ、沸騰したら火からおろす。

ふやかしたゼラチンを加え、ゴムベラで混ぜながら溶かす。

グラニュー糖を加え、よく混ぜて溶かす。

2のいちごを少しずつ加え、その都度よく混ぜる。

ボウルに移し、ボウルの底を氷水に当て、ゆるやかなとろみがつくまでゴムベラで混ぜながら冷やす。

氷水をはずし、3の生クリームの半量を入れ、泡立て器で混ぜる。

残りの生クリームを加え、ムラのないように混ぜる。

グラスに等分に入れる。

バットなどにのせてラップをかぶせ、冷蔵庫で3時間以上冷やしかためる。

ボウルに生クリームとグラニュー糖を入れて8分立てにする。**12**のムースにヘタを取ったいちごをのせ、生クリームをスプーンで盛る。

ティラミス

ほろ苦いコーヒーシロップがしみ込んだビスキュイ、
ヨーグルト入りチーズクリームの組み合わせが絶妙。
ここでは、表面はサクッ、中はふんわりしたビスキュイを
手作りし、より本格派なおいしさを目指します。

✳ 材料　14×14×高さ5cmの容器1台分

ビスキュイ

メレンゲ	
卵白	1個分
きび砂糖	30g
卵黄	1個分
薄力粉	30g
粉糖	適量

コーヒーシロップ

コーヒー豆（好みのもの）	30g
熱湯	120ml
ラム酒	5ml
メープルシロップ	20ml

チーズクリーム

生クリーム（乳脂肪分35〜36%）	100ml
マスカルポーネチーズ	120g
きび砂糖	30g
プレーンヨーグルト	100g
製菓用ココアパウダー	適量

下準備

- 天板にオーブンシート敷く。
- オーブンは170℃に予熱する。

ビスキュイを作る。ボウルに卵白を入れ、きび砂糖を3回に分けて加え、その都度ハンドミキサーの中速で角が立つまで泡立て、メレンゲを作る。

卵黄を加え、ゴムベラでさっくりと混ぜる。

薄力粉をふるい入れ、ゴムベラで混ぜる。

ボウルの周りの生地をゴムベラでぬぐってきれいにし、ひとまとめにする。丸形口金をつけた絞り袋に入れる。

4のメレンゲを指に少し取り、天板の四隅につけ、オーブンシートをくっつける。容器の大きさより少し短く棒状に絞り出していく。

縦横ともにひと回り小さい正方形になるように9本くっつけて絞り出す。これを2つ作る。

粉糖を茶漉しでふり、なじんだら再度ふる。170℃のオーブンで12分ほど焼く。焼けたらケーキクーラーにのせて冷ます。

コーヒーシロップを作る。コーヒー豆を挽き、熱湯を注いで濃いめのコーヒーを80ml抽出し、ラム酒とメープルシロップを加えて混ぜる。

チーズクリームを作る。ボウルに生クリームを入れ、ボウルの底を氷水に当て、ハンドミキサーで8分立てにする。

別のボウルにマスカルポーネチーズ
ときび砂糖を入れ、泡立て器で混ぜ、
ヨーグルトを加えてなめらかになる
まで混ぜる。

9の生クリームを2回に分けて加
え、その都度ゴムベラで混ぜる。

ビスキュイ1枚を容器の底のサイズ
に合わせて切り、容器に敷き入れる。

コーヒーシロップ半量をスプーンで
全体にかける。

11のチーズクリームの半量をのせ
て全体に広げる。

もう1枚のビスキュイを容器の縁の
サイズに合わせて切り、裏返し、残
りのコーヒーシロップの半量をスプ
ーンで全体にかける。

表側を上にしてチーズクリームの上
にのせ、軽く手で押さえ、残りのコ
ーヒーシロップをスプーンで全体に
かける。

残りのチーズクリームをのせて全体
に広げてならす。ラップをふんわり
とかぶせ、冷蔵庫で3時間以上冷や
す。

全体にココアパウダーを茶漉しでふ
る。

アイスクリーム2種

◉ バニラアイスクリーム　◉ キャラメルアイスクリーム

バニラアイスクリームは、卵とバニラの香りたっぷりの
濃厚な味わい。キャラメルアイスクリームは、
カラメルの香ばしさを感じるコクのある味わい。
口の中で溶けていくミルキーな甘さは、手作りならでは。

✳ 材料　各作りやすい分量

バニラアイスクリーム

牛乳 ・・・・・・・・・・・・・・・・・・・・・・・・・・・・・・・・・ 200ml
卵黄 ・・・・・・・・・・・・・・・・・・・・・・・・・・・・・・・・・ 2個分
グラニュー糖・・・・・・・・・・・・・・・・・・・・・・・・・・・・50 g
バニラビーンズ ・・・・・・・・・・・・・・・・・・・・・・・ 3 cm
生クリーム（乳脂肪分35〜36%）・・・・・・・・・・ 120ml

キャラメルアイスクリーム

グラニュー糖・・・・・・・・・・・・・・・・・・・・・・・・・・・60 g
水 ・・・・・・・・・・・・・・・・・・・・・・・・・・・・・・・・・ 小さじ1
湯 ・・・・・・・・・・・・・・・・・・・・・・・・・・・・・・・・・・ 30ml
牛乳 ・・・・・・・・・・・・・・・・・・・・・・・・・・・・・・・・・ 180ml
卵黄 ・・・・・・・・・・・・・・・・・・・・・・・・・・・・・・・・・ 2個分
生クリーム（乳脂肪分35〜36%）・・・・・・・・・・・ 100ml

下準備

• バニラビーンズはさやに切り込みを入れ、指で種をし
ごき出し、グラニュー糖に加えて混ぜる（→ p.12）。

鍋に牛乳、バニラ入りのグラニュー糖を入れ、泡立て器で混ぜる。

卵黄を加えて溶きほぐしながら混ぜる。

弱火にかけ、とろみがついて湯気がほのかに出るまで、混ぜながら温める。

万能漉し器で漉しながら保存容器に移す。

容器の底を氷水に当てて冷やす。

しっかり冷えたら、氷水から出し、オーブンシートを表面にぴったりと当て、冷凍庫で6時間ほどおいて冷やしかためる。

ボウルに生クリームを入れ、ボウルの底を氷水に当て、ハンドミキサーで9分立てにする。使うまで冷蔵庫で冷やす。

6のオーブンシートをはずし、容器の底をさっと湯につけ、アイスクリームと容器の間に包丁を入れて台の上に取り出す。

包丁で1cmくらいの幅に切り、向きを変えて1cmくらいの幅に切り、小角切りにする。

7の生クリームのボウルに加え、ハンドミキサーの中速で攪拌し、なめらかにする。

8の保存容器に戻し入れ、ゴムベラでならし、再びオーブンシートを表面にぴったりと当て、冷凍庫で3時間ほどおいて冷やしかためる。

アイスクリームディッシャーや大きなスプーンですくって器に盛る。

● キャラメルアイスクリーム

鍋にグラニュー糖40gと分量の水を入れ、ふたをして弱火にかけ、グラニュー糖が溶けて茶色くなったらふたを取り、カラメル色にする。

火を止め、湯を3回に分けてそっと加え、その都度、鍋を揺らしてなじませる。

ゴムベラでムラなく混ぜたら、牛乳を加えてよく混ぜる。

グラニュー糖20g、卵黄を加えて泡立て器で混ぜる。

弱火にかけ、とろみがついて湯気がほのかに出るまで、混ぜながら温める。

バニラアイスクリームの作り方4〜11を参照して冷凍庫で冷やしかためる。アイスクリームディッシャーなどですくって器に盛る。

フルーツシャーベット2種

◉ レモンシャーベット　◉ オレンジシャーベット

フルーツ果汁と水、グラニュー糖、はちみつだけで作った
シャーベットは、すっきりとしたおいしさ。
レモン、オレンジともに、凍らせた皮に盛りつけると
ぐっと華やか。おもてなしにも喜ばれます。

＊材料　各4個分

レモンシャーベット

レモン（国産）・・・・・・・・・・・・・・・・・・・・・・・・・・・	2個
水 ・・・・・・・・・・・・・・・・・・・・・・・・・・・・・・・・・・・・	320ml
グラニュー糖・・・・・・・・・・・・・・・・・・・・・・・・・・・	70g
はちみつ・・・・・・・・・・・・・・・・・・・・・・・・・・・・・・	15g

オレンジシャーベット

ブラッドオレンジまたはオレンジ（国産）・・・・・・	4個
水 ・・・・・・・・・・・・・・・・・・・・・・・・・・・・・・・・・・・・	150ml
グラニュー糖・・・・・・・・・・・・・・・・・・・・・・・・・・・	40g
はちみつ・・・・・・・・・・・・・・・・・・・・・・・・・・・・・・	15g
レモン果汁・・・・・・・・・・・・・・・・・・・・・・・・・・・・・	5ml

● レモンシャーベット

レモンはよく洗って縦半分に切り、皮と果肉の間に包丁でぐるりと切り込みを入れ、皮と果肉を別々にする。

果肉は薄皮ごとざく切りにする。

2をハンドブレンダーやミキサーで攪拌し、ピュレ状にする。

万能漉し器でしっかりと漉す。

約80mlになる。足りなければ、レモン果汁または水（各分量外）を足す。

皮は切り口を下にしてバットにのせ、ラップをかぶせて冷凍庫で凍らせる。

鍋に分量の水とグラニュー糖を入れて中火にかけ、沸騰させてグラニュー糖を溶かす。火からおろし、はちみつを加える。

5を加えてゴムベラで混ぜ合わせる。

保存容器に流し入れ、粗熱が取れたらふたをし、冷凍庫に入れる。

5〜6時間してかたまってきたら、いったん取り出し、フォークでかいて混ぜ、ゴムベラで表面をならし、冷凍庫に戻す。

1〜2時間したら10の作業をもう1回繰り返し、ゴムベラでなめらかになるまで練り混ぜ、表面をならし、冷凍庫に戻す。

大きめのスプーンですくい、凍らせておいたレモンの皮に盛る。

● オレンジシャーベット

ブラッドオレンジはよく洗って上部を切り取り、果肉と皮の間に包丁でぐるりと切り込みを入れ、ボウルの上で果肉をスプーンで取り出す。

果肉は薄皮ごとざく切りにし、ボウルの中の果汁も一緒にハンドブレンダーやミキサーで攪拌し、万能漉し器でしっかりと漉す。

約250mlになる。足りなければ、ブラッドオレンジ果汁または水（各分量外）を足す。

皮と1で切り取った上部は切り口を下にしてバットにのせ、ラップをかぶせて冷凍庫で凍らせる。

レモンシャーベットの作り方7〜11を参照してシャーベットを作る。レモン果汁ははちみつを入れたあとに入れる。

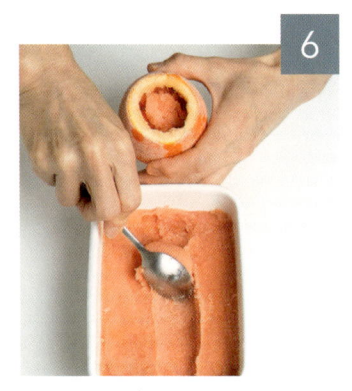

大きめのスプーンですくい、凍らせておいたブラッドオレンジの皮に盛り、一緒に凍らせておいた上部をのせる。

本間節子 ほんませつこ

菓子研究家。日本茶インストラクター。
自宅で少人数のお菓子教室「atelier h」
（アトリエ・エイチ）を主宰。洋菓子店
勤務、お菓子教室通いなどを経て独立。
季節感と素材の味を大切にした、毎日
食べても体にやさしいお菓子を提案し
ている。著書に『atelier h 季節の果物
とケーキ』『やわらかとろける いとしの
ゼリー』（ともに主婦の友社）などがある。
Instagram @hommatelierh

調理アシスタント　黒田由香

撮影　邑口京一郎
スタイリング　肱岡香子
デザイン　若山美樹（L'espace）
校正　堀江圭子
編集・構成　松原京子
企画・編集　川上裕子（成美堂出版編集部）

いちばんわかりやすい はじめてのお菓子

著　者　本間節子
　　　　ほんませつこ
発行者　深見公子
発行所　成美堂出版
　　　　〒162-8445　東京都新宿区新小川町1-7
　　　　電話(03)5206-8151 FAX(03)5206-8159
印　刷　TOPPAN株式会社